하루 3줄 쓰기:
매일 더 멋진 내가 되는 예쁜 말하기

하루 3줄 쓰기

매일 더 멋진
내가 되는
예쁜 말하기

윤희솔 지음

청림Life

나의 말을 바꾸면, 나의 하루는 어떻게 달라질까?
달라진 하루가 쌓이면, 나는 얼마나 달라질까?
이렇게 달라진 '나'가 많아지면, 이 세상은 얼마나 달라질까?

이 질문은 《하루 3줄 쓰기: 매일 더 멋진 내가 되는 예쁜 말하기》의 시작이자, 여러분과 나누고 싶은 가장 중요한 이야기예요. 우리가 매일 마주하는 크고 작은 상황 속에서 어떤 말을 선택하면 나도, 내 주변 사람들도 더 행복해질 수 있을까? 그 답을 함께 찾아보고 싶어서 이 책을 만들었답니다.

우리는 하루에도 수없이 많은 말을 하며 살아가요. 엄마, 아빠, 선생님, 친구들과 이야기를 나누고, 때로는 스스로에게도 속으로 말을 걸곤 하죠. 어떤 말은 우리의 마음을 힘들게 하고, 또 어떤 말은 우리에게 힘을 주기도 해요. "난 못해"라고 말하면 정말 아무것도 못할 것 같지만, "해 볼게!"라고 말하면 왠지 도전할 용기가 생기는 것처럼요. 이렇게 말은 단순히 마음을 표현하는 도구일 뿐만 아니라, 우리의 마음을 움직이고, 더 나아가 행동을 변화시키는 강력한 힘을 가지고 있답니다.

또한 말은 사람의 됨됨이를 드러내기도 하고, 됨됨이를 다듬고 빚어 가기도 해요. 긍정적인 말을 하면 자연스럽게 좋은 생각이 떠오르고, 좋은 생각은 좋은 행동을 할 힘을 만들어 주거든요. 힘든 순간에 "난 안 돼" 대신 "조금만 더 해 보자"라고 말하는 사람은 결과가 어찌 되었든 이미 멋진 사람이에요. 친구에게 "왜 그래?" 대신 "우리 함께 해결해 볼까?"라고 말하는 사람은, 친구가 그 제안을 받아들이든 아니든 이미 따뜻한 친구로 한 걸음 나아간 것이고요.

하지만 이 책은 단순히 "이렇게 말하면 돼!"라고 정답을 알려 주는 책이 아니에요. 좋은 말을 선택하려면 생각하는 힘과 마음의 힘이 필요해요. 이 책은 어떤 상황에서 왜 그 말을 해야 하는지, 그 말이 나와 주변 사람들에게 어떤 변화를 가져올지 스스로 고민해 보고, 여러분만의 답을 찾아갈 수 있도록 구성했어요. 여러분이 직접 생각하고 선택하는 과정에서 진짜 변화와 성장을 경험할 수 있길 바랍니다.

나의 말 한마디가 나의 하루를,
차곡차곡 쌓인 나의 말과 행동이 나를,
내가 만들어 가는 변화가 세상을 바꿀 수 있다는 것을
날마다 직접 느껴 보길 바랍니다.

그리고 그 아름다운 여정에 《하루 3줄 쓰기: 매일 더 멋진 내가 되는 예쁜 말하기》가 길동무가 되어, 여러분이 더 나은 자신과 세상을 만들어 가는 데 든든한 친구가 되길 진심으로 소망합니다.

2025년 1월
윤희솔 선생님이

차례

나를 채우는 말

상대방을 세우는 말

책 사용법

"망했어." "내가 이럴 줄 알았어." "넌 이것도 몰라?"

이런 말을 들으면 기운이 빠지고 화가 나기도 해요. 왜냐하면 말은 단순히 생각을 표현하는 도구가 아니라, 마음과 생각을 바꾸는 놀라운 힘을 가지고 있거든요. 긍정적이고, 따뜻하고, 당당하게 말하는 습관을 들여야 이 놀라운 힘을 좋은 방향으로 사용할 수 있어요. 자, 이제 여러분의 말과 생각과 행동을 다듬는 방법을 소개할게요!

1. 상황을 떠올려 보세요.

책 속에는 학교에서 선생님을 마주할 때나, 받아쓰기를 연습할 때, 혹은 친구들과 대화할 때처럼 여러분이 흔히 겪을 만한 이야기들이 담겨 있어요. 먼저, 책을 읽으면서 "나였다면 어떤 말을 했을까?" 하고 떠올려 보세요. 책 속의 이야기가 여러분에게 더 가까이 느껴질 거예요.

2. 긍정적인 시각으로 상황을 다시 살펴보세요.

똑같은 일도 바라보는 시각에 따라 다르게 느껴져요. 긍정적으로 바라보면, 같은 상황도 새롭게 보이거든요. 예를 들어, "도저히 안 돼"를 "더 할 수 있는 일은 없을까?"로 바꾸어 보는 거죠. 말이 바뀌면 생각은 물론 행동까지 바뀌는 걸 경험하게 될 거예요.

3. 다른 상황에 적용해 보세요.

긍정적인 말과 행동을 실천하는 부분이에요. 앞에서 연습한 상황과 비슷한 상황이 나와 있어요. 긍정적인 말과 행동을 연습해 보세요. 힘들고 속상한 순간에 부정적인 생각이 떠오르더라도, 연습했던 긍정적인 말을 떠올리며 실천해 보는 거예요.

4. 꿀팁을 활용하세요.

꿀팁에는 여러분이 힘든 상황에서 다시 용기를 낼 수 있도록 도와주는 비법이 담겨 있어요. "여러 번 시도했는데 자꾸 안 된다면, 실패한 게 아니라 잘 해낼 방법을 찾는 중이에요"와 같이 힘이 나는 꿀팁을 읽고, 다시 도전할 힘을 내보세요.

천천히 책을 읽고, 생각을 정리하고, 연습하다 보면, 어느새 긍정적이고 바르게 말하고 있는 자신을 발견하게 될 거예요! 여러분의 따뜻한 마음이 멋진 단어로 표현되고, 그 단어들이 바른 말과 행동으로 이어져, 주변 사람들에게 기쁨과 용기를 줄 수 있길 바랍니다. 여러분의 목소리가 세상에 좋은 변화를 만들어 가는 힘이 되길 응원합니다.

"죄송해요"라고 말해요

1. 가만히 떠올려요

복도에서 친구들과 막 뛰다가 선생님께 혼났어요. 다른 친구들도 다 뛰었는데 제일 뒤에 가던 나만 혼났어요. 나만 혼난 게 억울해서 나도 모르게

" 선생님! 쟤도 같이 뛰었어요 " 라고 고자질해 버렸어요.

2. 곰곰이 생각해요

선생님께 나만 혼난 게 억울하지만, 내가 뛴 것은 사실이지요. 친구의 잘못을 말한다고 해서 내가 덜 혼나거나 더 나은 사람으로 보이지는 않는답니다.

잘못을 인정하는 어린이가 훨씬 더 멋져요. 잘못을 인정하는 "죄송해요"나 "잘못했어요"를 넣어서 선생님에게 드릴 말씀을 써 볼까요?

선생님, 복도에서 뛰어서 죄송해요. 앞으로는 안 그럴게요.

평소에 이렇게 말하지 않았나요?	이렇게 바꿔 말해 봐요
쟤도 그랬어요.	죄송해요.

3. 찬찬히 연습해요

엄마가 통화하시는데 동생이랑 큰 소리로 떠들다가 엄마께 혼났어요. 이럴 때 엄마께 뭐라고 말할래요?

　예시) 엄마, 죄송해요. 큰 소리로 떠들어서 엄마가 통화하실 때 불편하셨지요?

죄송합니다. 앞으로 엄마가 통화하실 때 조용히 할게요.

꿀팁!

그래도 나만 혼난 게 너무 억울하다면? 내 잘못을 인정한 후에 이렇게 말해 보세요.
"동생도 같이 떠들었는데, 저만 혼나서 너무 속상해요."

"그것만 알면 되겠어요!"라고 말해요

1. 가만히 떠올려요

학교에서 뺄셈을 배웠어요. 덧셈도 아직 어려운데 뺄셈 문제를 풀어야 한다니, 한숨이 나요. 모르는 게 창피하고 짜증 나서 나도 모르게

❝ ＿＿＿＿＿＿＿＿＿＿＿＿＿＿＿＿＿＿＿ ❞ 라고 말해 버렸어요.

2. 곰곰이 생각해요

무슨 일이든 처음부터 잘할 수는 없어요.

지금 여러분은 혼자서 밥을 잘 먹지요? 하지만 처음 스스로 밥을 먹을 때는 숟가락질도 잘 못해서 음식을 많이 흘렸을 거예요. **처음에는 어려워도 꿋꿋하게 연습하고 공부해야 슬기로운 어린이가 될 수 있어요. 활기차게 "그것만 알면 되겠어요!"를 넣어서 엄마께 드릴 말씀을 써 볼까요?**

평소에 이렇게 말하지 않았나요?

저는 그거 몰라요.

이렇게 바꿔 말해 봐요

그것만 알면 되겠어요!

3. 찬찬히 연습해요

선생님께서 내가 모르는 내용을 물어보셨어요. 어제 배운 내용인데, 나는 아직도 잘 모르겠어요. 이럴 때 선생님께 뭐라고 말할래요?

예시) 저는 아직 계이름을 잘 모르겠어요. '레' 다음 것만 알면 대답할 수 있는데, 도와주실래요?

모를 때 모른다고 이야기하는 어린이가 정말 용감한 어린이예요. 하지만 친구에게 내가 모른다는 것을 말하고 싶지 않다면, **"내가 더 확실히 알아보고 이야기할게"**라고 차분히 말하고, 그 내용을 조사하거나 공부해 보세요.

"해 볼게!" 라고 말해요

1. 가만히 떠올려요

학교에서 줄넘기를 했어요. 난 한 개도 못 넘는데, 친구들은 엄청 잘해요. 친구들 앞에서 못하는 걸 보여 주기 싫어서 나도 모르게

"　　　　　　　　　　　　　　　　　　　　　　" 라고 말해 버렸어요.

2. 곰곰이 생각해요

다른 사람 앞에서 실수하는 모습을 보이고 싶은 사람은 없어요.
그래도 지나치게 다른 사람의 눈을 의식해서 시도조차 안 하면, 잘해 낼 기회도 함께 사라지는 거랍니다. **"잘 못하지만, 한번 해 보려고!"라는 말을 넣어서 친구에게 할 말을 써 볼까요?**

평소에 이렇게 말하지 않았나요?

난 못해!

이렇게 바꿔 말해 봐요

해 볼게!

3. 찬찬히 연습해요

물감을 한 번도 안 사용해 봤는데, 선생님께서 물감으로 색칠해 보라고 하셨어요. 이럴 때 여러분은 뭐라고 답해 볼래요?

예시) 아직 한 번도 물감을 안 써 봤지만, 한번 해 볼게요.

꿀팁!

한 번도 해 보지 않은 일을 하는 건 멋진 일이에요. 여러분이 좋아하는 일과 잘하는 일을 찾으려면 다양한 경험을 해 봐야 하거든요. 망설이지 말고 도전해 보세요.

"좋은 일도 있었어!"라고 말해요

1. 가만히 떠올려요

모둠 친구들이 싸워서 우리 모둠이 급식을 꼴찌로 먹었어요. 그래서 점심시간에 놀이도 조금 밖에 못 했고요. 학교에서 잘 지냈냐는 엄마의 물음에 갑자기 그 일이 떠올라서

66 ＿＿＿＿＿＿＿＿＿＿＿＿＿＿＿＿＿ 99 라고 말해 버렸어요.

2. 곰곰이 생각해요

이상하게 안 좋은 일이 겹쳐서 생기는 날이 있어요. 그럴 땐 정말 울고 싶어질 정도로 짜증이 나죠. 하지만 짜증을 내기보다 좋은 일을 찾으려고 노력해 보세요. 그럼 곧 기분도 좋아지고, 마음을 잘 토닥이는 힘도 기를 수 있어요. **"좋은 일도 있었어요"라는 말을 넣어서 엄마께 드릴 말씀을 써 볼까요?**

평소에 이렇게 말하지 않았나요?
짜증 나는 일투성이야!

이렇게 바꿔 말해 봐요
좋은 일도 있었어!

3. 찬찬히 연습해요

어제 열심히 연습한 받아쓰기에서 한 문제를 틀린 데다가, 친구랑 떠들다 선생님께 혼나기까지 했어요. 짜증 난 마음을 가라앉히려면 나 자신에게 어떻게 말해 주는 게 좋을까요?

예시) 그래도 한 문제밖에 안 틀렸잖아. 이제 수업 시간에 집중하면 좋은 일도 생길 거야!

꿀팁!

사람들이 자꾸 다니는 곳은 길이 나요. 마음도 길과 같아요. 자꾸 짜증을 내면 짜증이 쉽게 나는 길이 만들어진답니다. 짜증이 날 땐 좋은 일을 찾아서 마음에 좋은 길을 만들어 주세요.

"하고 싶은 게 많아서 고르는 중이에요"
라고 말해요

1. 가만히 떠올려요

장래 희망을 말해야 할 때 정말 곤란해요. 되고 싶은 게 없는데 어떡해요? 장래 희망을 발표하는 시간에 나도 모르게

"_____" 라고 말해 버렸어요.

2. 곰곰이 생각해요

장래 희망을 정하는 건 정말 어렵죠. 하지만 곰곰이 생각해 보세요. 정말 미래에 하고 싶은 일이 없는지, 하고 싶은 일이 많아서 고르기가 어려운지 말이에요. **"하고 싶은 게 많아서 고르는 중이에요"** 를 넣어서 할 말을 써 볼까요?

평소에 이렇게 말하지 않았나요?
장래 희망이 없어요.

이렇게 바꿔 말해 봐요
하고 싶은 게 많아서
고르는 중이에요.

3. 찬찬히 연습해요

자기소개할 때 장래 희망도 같이 발표해야 한대요. 여러분은 뭐라고 발표할래요?

    예시) 저는 사람들에게 다정하고 친절한 어른이 되고 싶습니다. 직업은 하고 싶은 게 많아서 고르는 중입니다.

직업을 콕 집어서 정할 수 없다면 "다른 사람을 잘 돕는 사람", "정직한 사람"처럼 여러분이 생각하는 멋진 어른을 말하는 것도 좋아요.

"완벽한 사람은 없어"라고 말해요

1. 가만히 떠올려요

우리 가족의 모습을 그리는 시간이에요. 다른 친구들의 그림을 보니 아빠는 왕자처럼, 엄마는 공주처럼 엄청 멋지게 그렸네요. 나만 그림을 잘 못 그리는 게 슬퍼서 나도 모르게

66 _____ 99 라고 말하고 색연필을 놓

아 버렸어요.

2. 곰곰이 생각해요

그림을 잘 그리는 친구, 달리기가 빠른 친구, 발표를 또박또박 잘하는 친구, 종이접기를 야무지게 잘하는 친구… 우리는 잘하는 게 모두 달라요. 여러분도 잘 생각해 보면 분명 잘하는 게 한 가지는 있을 거예요. **내가 잘 못하는 일보다 잘하는 일을 생각해 보세요. 그럼 "완벽한 사람은 없어"**를 넣어서 내 마음을 토닥이는 말을 해 볼까요?

평소에 이렇게 말하지 않았나요?

난 이것도 못해.

이렇게 바꿔 말해 봐요

완벽한 사람은 없어.

3. 찬찬히 연습해요

달리기 시합을 했는데, 나만 계속 꼴찌예요. 친구들이 날 보며 웃는데, 꼭 나를 놀리는 것 같아요. 이럴 때 뭐라고 할까요?

　예시) 완벽한 사람은 없어! 그래도 나는 끝까지 달렸으니, 멋지게 해낸 거야.

꿀팁!

내가 잘 못하는 일을 잘하고 싶다면, 그 일을 잘하는 친구에게 다가가 보세요. "우와, 너 그림 잘 그린다! 나도 좀 알려 줄래?"라고 하면서요. 그럼 친구도 생기고, 그 일을 잘하는 방법도 배우게 될 거예요.

"벌써 이만큼 했어!"라고 말해요

1. 가만히 떠올려요

날마다 수학을 10문제씩 풀어요. 열심히 푼 것 같은데 아직 4문제밖에 못 풀었어요. '어휴, 언제 다 풀지?' 하는 생각에 나도 모르게

" _____ " 라고 말했어요.

2. 곰곰이 생각해요

부모님이 힘들어도 가족을 위해 일을 하시는 것처럼, 여러분은 학생으로서 공부를 해야 해요. 꼭 해야 하는 일이라면, 즐겁게 할 방법을 찾아보세요. 마음먹기에 따라 똑같은 일도 더 즐겁게 할 수 있어요. 즉 4문제'밖에' 못 푼 게 아니라 4문제'나' 풀었다고 생각해 보는 거죠. "벌써 이만큼 했네!"를 넣어서 해야 할 일을 더 신나게 해 볼까요?

평소에 이렇게 말하지 않았나요?
아직도 이만큼 남았어?

이렇게 바꿔 말해 봐요
벌써 이만큼 했어!

3. 찬찬히 연습해요

구구단을 외우는데, 4단을 익히기가 정말 어려워요. 2단, 5단은 정말 잘할 수 있단 말이에요. 이럴 때 뭐라고 할까요?

예시) 벌써 2단, 5단은 익혔잖아! 이제 4단을 해 볼까?

꿀팁!
친구에게도 "아직 이만큼밖에 못했어?"라고 말하는 대신 "벌써 이만큼 했네!" 하고 말해 보세요. 친구가 여러분을 바라보는 눈이 달라질걸요?

"한 번(한 개)만 더 해 보자!" 라고 말해요

1. 가만히 떠올려요

글씨를 잘 쓰려면 글씨 쓰기 연습을 해야 한대요. 그래서 글씨를 날마다 쓰고 있는데, 손이 아파요. 힘들어서 나도 모르게

" _____ " 라고 말했어요.

2. 곰곰이 생각해요

근육이 멋진 어른을 본 적이 있을 거예요. 그렇게 멋진 근육은 어떻게 만들어질까요? 그 비법은 바로 근육 운동을 하다 정말 힘들어도 한 번 더 꾹 참고 하는 거라고 해요. 꾸준히 연습해 온 일이 힘들게 느껴진다면, 실력이 껑충 늘어날 때가 된 거니까 오히려 기뻐하세요. **그럼 "한 번만 더 해 볼까?"를 넣어서 여러분의 마음 근육을 키워 볼까요?**

평소에 이렇게 말하지 않았나요?

더는 못하겠어.

이렇게 바꿔 말해 봐요

한 번(한 개)만 더 해 보자!

3. 찬찬히 연습해요

피아노 연주 연습을 하는데, 자꾸 틀려요. 더는 못할 것 같은데 이 곡은 꼭 잘 치고 싶어요. 이럴 때 뭐라고 할까요?

예시) 그래, 한 번만 더 연습해 볼까? 자꾸 틀리는 이 부분만 잘 연주해 보자!

꿀팁!

포기하고 싶을 때 '딱 한 번만 더!'라는 마음을 먹으면 없던 힘이 생기는 걸 느낄 수 있을 거예요.

"성공하면 짜릿하겠지?"라고 말해요

1. 가만히 떠올려요

수업 시간에 종이접기를 했어요. 선생님께서 접는 방법을 다시 알려 주셨는데도 도저히 못 접 겠어요. 포기하고 싶은 마음에 나도 모르게

　　　　　　　　　　　　　　　　　　　　　　　　　　라고 말했어요.

2. 곰곰이 생각해요

하루에도 몇 번씩 하기 어려운 일이나 처음 해 보는 일을 해야 할 때가 생길 거예요. 학교는 새로운 것을 배우는 곳이니 더 그렇죠. 하지만, 못할 것 같이 어렵게 느껴졌던 일을 해내면 어떤 느낌이 들까요? **"성공하면 짜릿하겠지?"를 넣어서 말해 보세요.**

평소에 이렇게 말하지 않았나요?

너무 어려워.

이렇게 바꿔 말해 봐요

성공하면 짜릿하겠지?

3. 찬찬히 연습해요

장애물 넘기를 하는데, 장애물이 왜 이리 높아 보이는지 모르겠어요. 이럴 때 뭐라고 할까요?

예시) 저 장애물을 훌쩍 넘으면 정말 짜릿할 거야!

꿀팁!

어떤 어려운 일이라도 한 번 해내고 나면 그다음엔 그 일이 쉬워져요. 그때 몸도 마음도 쑤욱 자라나는 거랍니다.

"오늘 하나 배웠어"라고 말해요

1. 가만히 떠올려요

학교에서 받아쓰기를 했어요. 10개 중에 4개를 맞혔어요. 창피하고 속상한 마음에 나도 모르게

" _____ " 라고 말했어요.

2. 곰곰이 생각해요

결과가 좋지 않아서 주저앉아 울고 싶을 만큼 속상할 때가 있어요. 결과를 바꿀 수 없는 일이라면, 실패한 원인을 곰곰이 따져 보고 다시는 그 실수를 반복하지 않는 것이 현명하겠지요? **"오늘 하나 배웠어"를 넣어서 말해 보세요. 오늘의 실패를 성공으로 가는 계단으로 만들 수 있을 거예요.**

평소에 이렇게 말하지 않았나요?
망했어.

이렇게 바꿔 말해 봐요
오늘 하나 배웠어.

3. 찬찬히 연습해요

수학 문제를 틀렸어요. 이럴 때 뭐라고 할까요?

예시) 내가 왜 틀렸는지 알아봐야겠어. 수학 문제를 틀린 덕분에 하나 배우는 거야!

맞은 것보다 틀린 문제가 더 중요해요. 무엇을 모르는지, 어디에서 실수했는지 분석해서 '다시는 이런 문제를 틀리지 말아야지!' 하는 마음으로 살펴보세요.

"조금만 쉬었다 할래"라고 말해요

1. 가만히 떠올려요

방 청소를 했어요. 어휴, 그런데 왜 이리 나는 방을 지저분하게 썼을까요? 치워도 치워도 끝이 없어요. 지겨워서 나도 모르게

66 _____ 99 라고 말했어요.

2. 곰곰이 생각해요

할 일이 많아서 해도 해도 끝이 안 보일 때가 있어요. 확 그만두고 싶은 마음이 불쑥 올라오지요. 포기하고 싶을 땐 잠시 쉬어 가는 것도 좋은 방법이에요. **"조금만 쉬었다 할래"를 넣어서 말해 보세요. 다시 힘을 낼 방법도 생각해 보고요.**

평소에 이렇게 말하지 않았나요?		이렇게 바꿔 말해 봐요
그만 할래.		조금만 쉬었다 할래.

3. 찬찬히 연습해요

그림을 완성해야 하는데, 색칠하는 데 시간이 너무 오래 걸려요. 이럴 때 뭐라고 할까요?

　　예시) 물 한 잔 마시고 다시 해 보자. 다시 하면 금방 할 수 있어!

꿀팁!

너무 오래 쉬면 다시 일을 시작하기가 더 어려워요. 물 한 잔 마시기, 재미있는 동영상 하나 보기 등을 하면서 잠깐만 쉬었다가 다시 일을 시작해 보세요.

"할 수 있는 것부터 해 보자"라고 말해요

1. 가만히 떠올려요

학원 숙제가 너무 많아요. 시작할 엄두가 안 나서 숙제를 계속 미루고 또 미루고 있어요. 막막한 마음에 나도 모르게

" _____ " 라고 말했어요.

2. 곰곰이 생각해요

할 일을 미루어 놓고 놀아 본 적이 있나요? 놀 때도 숙제 걱정에 신나게 놀지는 못했을 거예요. 할 일이 쌓여 있을 땐 일단 시작해 보세요. 마음이 한결 편해질 거예요. **"할 수 있는 것부터 해 보자"**를 넣어서 말해 보세요.

평소에 이렇게 말하지 않았나요?
숙제가 많아서 죽겠네!

이렇게 바꿔 말해 봐요
할 수 있는 것부터 해 보자.

3. 찬찬히 연습해요

오늘 연산 문제도 풀어야 하고, 받아쓰기 연습도 해야 하고, 준비물도 챙겨야 하고… 할 일이 많아요. 이럴 때 뭐라고 할까요?

예시] 뭐부터 시작해 볼까? 지금 당장 할 수 있는 것부터 해 보자.

꿀팁!

해야 할 일이 많은데 하기 싫을 땐, 덜 어려운 일이나 당장 할 수 있는 일부터 시작해 보세요. 일단 시작하면 그다음 일도 해낼 힘이 생겨요.

"한번 해 보지 뭐"라고 말해요

1. 가만히 떠올려요

학교에서 '독서 골든벨 대회'를 한대요. 친구가 같이 대회에 나가자는데, 문제를 못 맞히면 망신이잖아요. 걱정되는 마음에 나도 모르게

" _____ " 라고 말했어요.

2. 곰곰이 생각해요

경험하는 것만으로도 공부가 되는 일이 있어요. 결과가 안 좋으면 어때요? 아예 시도도 안 해 본 사람보다는 실패를 경험해 본 사람이 훨씬 멋져요. 도전하는 마음을 담아 **"한번 해 보지 뭐"**를 넣어서 말해 보세요.

평소에 이렇게 말하지 않았나요?
망하면 어떡하지?

이렇게 바꿔 말해 봐요
한번 해 보지 뭐.

3. 찬찬히 연습해요

친구가 오목을 두자고 해요. 나는 한 번도 오목을 두어 본 적이 없는데 말이에요. 이럴 때 뭐라고 할까요?

예시) 한번 해 보지 뭐. 오목은 어떻게 하는 거야?

'한번 해 보자.' 하는 마음으로 적극적으로 행동하는 사람은 그만큼 잘하는 일이나 좋아하는 일을 발견할 가능성이 커요.

"당장 시작하자"라고 말해요

1. 가만히 떠올려요

국어 숙제하는 걸 깜빡했어요. 아침 활동 시간에야 생각이 난 거 있죠. 이제 10분 후면 국어 수업인데, 어떡하면 좋아요. 급한 마음에 나도 모르게

" _____ " 라고 말했어요.

2. 곰곰이 생각해요

'끝날 때까지 끝난 게 아니다'라는 말을 들어 본 적이 있나요? 결과를 지레짐작하지 말고, 정신을 차리고 지금 할 수 있는 일을 생각하세요. 그리고 당장 시작하세요. **시간이 얼마 없어도 최선을 다하겠다는 마음을 담아 "당장 시작하자"를 넣어서 말해 보세요.**

평소에 이렇게 말하지 않았나요?

시간 없어.

이렇게 바꿔 말해 봐요

당장 시작하자.

3. 찬찬히 연습해요

선생님께서 모둠 과제 할 시간을 주셨는데, 우리 모둠은 아직 시작도 못 했어요. 시간이 얼마 안 남았어요. 이럴 때 뭐라고 할까요?

예시) 완벽하지 않아도 괜찮아. 뭐라도 지금 당장 해 보자.

시간이 얼마 안 남았을 때 집중력이 더 커질 수도 있다고 해요. 힘을 바짝 내어서 얼른 시작하세요. 결과는 나중에 걱정해도 늦지 않아요.

"더 할 수 있는 일은 없을까?"라고 말해요

1. 가만히 떠올려요

블록으로 움직이는 자동차를 만들고 있어요. 며칠째 만드는 중인데, 자동차가 잘 안 굴러가요. 잘 굴러가나 싶으면 자동차가 두 동강 나고요. 이젠 포기하고 싶은 마음이 들어서

" _____ " 라고 말했어요.

2. 곰곰이 생각해요

몇 날 며칠을 매달려도 해결이 안 되는 일이 있으면 지치기 마련이죠. 그만두고 싶은 마음이 들기도 하고요. 그럴 땐 잠시 멈추고 왜 안 되는지 생각해 보면 해결 방법을 찾게 될지도 몰라요. **"더 할 수 있는 일은 없을까?"를 넣어서 말해 보세요.**

평소에 이렇게 말하지 않았나요?

도저히 안 돼.

이렇게 바꿔 말해 봐요

더 할 수 있는 일은 없을까?

3. 찬찬히 연습해요

받아쓰기를 아무리 연습해도 100점을 못 받아요. 꼭 한두 개씩은 틀려서 속상해요. 이럴 때 뭐라고 할까요?

　　예시) 받아쓰기 100점을 꼭 받고 싶은데, 내가 더 할 수 있는 일은 없을까?

여러 번 시도해도, 자꾸 안 된다고 실망하지 마세요. 여러분은 실패한 게 아니라 잘해 낼 제일 좋은 방법을 찾고 있는 거랍니다.

"내가 잘하는 걸 찾아봐야지"
라고 말해요

1. 가만히 떠올려요

학예회 때 친구들과 함께 노래를 부르기로 했어요. 그런데 친구들과 노래를 부를 때 나만 음이 틀려서 공연을 망친 것만 같아요. 친구들에게 미안하고 창피한 마음에

" _____ " 라고 말해 버렸어요.

2. 곰곰이 생각해요

'적성'이라는 말을 알고 있나요? '어떤 일에 알맞은 성질이나 능력'이라는 뜻이에요. 적성에 잘 맞는 일은 조금만 노력해도 실력이 늘지만, 적성에 안 맞는 일은 열심히 해도 실력이 좀처럼 늘지 않을 때가 많아요. 연습해도 잘 안 된다면, 너무 속상해하지 말고 **"내가 잘하는 걸 찾아봐야지."** 하고 말하고 내 적성을 찾아보세요.

평소에 이렇게 말하지 않았나요?

나는 못해.

이렇게 바꿔 말해 봐요

내가 잘하는 걸 찾아봐야지.

3. 찬찬히 연습해요

우리 반 친구들은 피구를 좋아하고 잘해요. 그런데 나는 공을 잘 못 피해서 자꾸 제일 먼저 아웃이 돼요. 이럴 때 뭐라고 할까요?

　예시) 피구에서 내가 잘할 수 있는 일을 찾아봐야겠다. 정확히 공을 던지는 연습을 해야지!

꿀팁!

학예회 때 노래, 춤, 악기 연주, 태권도 등 다른 친구들이 많이 하는 걸 똑같이 할 필요는 없어요. 좋아하는 책 소개하기, 내가 그린 그림 보여 주기, 내가 잘하는 요리 비법 알려 주기 등, 내가 진짜 좋아하고 잘하는 일을 발표해 보세요.

"(   )라서 다행이야"라고 말해요

1. 가만히 떠올려요

임원 선거에 나갔어요. 준비를 열심히 해서 소견 발표도 씩씩하게 했는데, 임원 선거에서 4표만 받아 떨어졌지 뭐예요. 실망스러운 마음에

" _____ " 라고 말했어요.

2. 곰곰이 생각해요

간절히 바라던 일을 이루지 못하면 실망도 큰 법이죠. 하지만 잘 생각해 보세요. 임원 선거를 준비하면서 발표 연습도 하고, 그 덕분에 4명이나 나를 회장으로 선택해 줬잖아요. 얼마나 고맙고 멋진 일이에요? **"(　　　)라서 다행이야"를 넣어 말해 보세요. 실망스러운 마음보다 다행스러운 마음이 자리 잡을 거예요.**

평소에 이렇게 말하지 않았나요?

(　　　)라면 좋았을 텐데.

이렇게 바꿔 말해 봐요

(　　　)라서 다행이야.

3. 찬찬히 연습해요

미끄럼틀에서 구르는 바람에 왼쪽 팔이 부러졌어요. 너무 아프고 놀란 데다가 한 달이나 깁스를 해야 한대요. 이럴 때 뭐라고 할까요?

　　예시) 더 크게 다치지 않고 이 정도만 다쳐서 정말 다행이야.

아쉽고 실망스러운 마음이 마냥 나쁘기만 한 건 아니에요. 하지만 부정적으로만 생각하면 태도와 표정도 부정적으로 바뀌기 쉬우니까, 좋은 면을 더 많이 보는 습관을 들여 보세요.

"난 친구들 발표를 잘 들어"라고 말해요

1. 가만히 떠올려요

친한 친구들이랑 놀 땐 말을 잘하는데, 이상하게 발표는 못 하겠어요. 모둠 대표로 발표할 사람을 정하는데, 친구들이 이젠 나도 좀 발표하래요. 자신이 없어서 고개를 푹 숙이고

" _____ " 라고 말했어요.

2. 곰곰이 생각해요

친구들과 선생님이 나만 바라보면, 갑자기 머릿속이 하얘지고 한마디도 못할 것 같은 기분이 들어요. 친구들이 이런 내 모습을 보고 놀리는 느낌도 들고요. 그럴 땐 주눅 들지 말고, **"나는 친구들 발표를 잘 들어"라고 말해 보세요. 발표를 잘 듣는 친구는 분명 나중에는 발표를 잘하게 될 거니까 걱정하지 말고요.**

평소에 이렇게 말하지 않았나요?

난 발표를 잘 못해.

이렇게 바꿔 말해 봐요

난 친구들 발표를 잘 들어.

3. 찬찬히 연습해요

친구들이 여러 명 있을 땐 말을 잘 못하겠어요. 특히 아직 친하지 않은 친구들 앞에선 말이에요. 친구들이 자꾸 말을 시킬 때 뭐라고 할까요?

예시) 내 의견을 물어봐 줘서 고마워. 말할 준비가 되면 그때 얘기할게.

꿀팁!

친구들 앞에서 말하는 것이 어렵다면 다른 친구들은 어떻게 말하는지 귀 기울여 잘 들어 보세요. 뭐라고 말하는지 차분히 듣다 보면 점차 어떻게 말하는 것이 좋을지 알게 될 거예요.

"새롭게 해 보자"라고 말해요

1. 가만히 떠올려요

오늘 그림 그리기 대회가 있어요. 지난번 대회에서도, 그 전 대회에서도 열심히 그림을 그렸지만, 번번이 상을 못 탔어요. 열심히 그렸는데도 상을 못 탔던 때가 생각나서

❝ _____ ❞ 라고 말했어요.

2. 곰곰이 생각해요

같은 일을 여러 번 해 봤지만, 실패한 경험이 있는 친구는 칭찬하고 싶어요. 실패한 일에 다시 도전하는 건 정말 어려운 일이거든요! 자, 이번엔 실패한 원인을 분석해서 다른 방법을 시도해 보세요. 성공할 확률이 점점 높아질 거예요.

그럼 "새롭게 해 보자"를 넣어 말해 보세요. 실패를 극복할 힘이 생겨납니다.

평소에 이렇게 말하지 않았나요?
지난번에도 실패했어.

이렇게 바꿔 말해 봐요
새롭게 해 보자.

3. 찬찬히 연습해요

줄넘기 이단 뛰기를 며칠째 연습하고 있는데, 아직 한 번도 성공하지 못했어요. 이럴 때 뭐라고 할까요?

예시) 왜 연습해도 안 되지? 이단 뛰기 방법을 알아보고, 새롭게 연습해 보자!

꿀팁!

잘하고 싶은 일이 있는데, 아무리 연습해도 안 된다고요? 그럼, 그 일을 잘하는 사람을 찾아서 그 사람이 어떻게 하는지 잘 관찰해 보세요. 뭔가 배울 점이 보일 거예요.

"되는 일이 하나는 있어"라고 말해요

1. 가만히 떠올려요

학교에서 게임을 했는데, 우리 모둠이 꼴찌를 했어요. 애들이 줄을 늦게 서는 바람에 급식을 늦게 먹어서 점심시간에 못 놀았고요. 같이 집으로 오기로 한 친구가 먼저 집에 가 버려서 집에 혼자 왔어요. 너무 속상해서 엄마를 보자마자

66 _____ 99 라고 말했어요.

2. 곰곰이 생각해요

이런, 온종일 기분 나쁜 일을 많이 겪었네요. 진짜 속상했겠어요. 토닥토닥 위로해 주고 싶어요. 하지만 **"되는 일이 하나는 있어"를 넣어 말해 보세요. 좋은 일이 한 개는 떠오를 거예요.**

평소에 이렇게 말하지 않았나요?
되는 일이 하나도 없어.

이렇게 바꿔 말해 봐요
되는 일이 하나는 있어.

3. 찬찬히 연습해요

친구들이랑 축구를 하는데, 이상하게 오늘은 한 골도 못 넣고 있어요. 이럴 때 뭐라고 할까요?

예시) 오늘은 골이 한 개도 안 들어가네! 그런데 패스는 정말 잘했어!

꿀팁! 우리의 말에는 힘이 있어요. 되는 일이 하나도 없다는 생각이 들 때면, 얼른 마음을 고쳐먹고 "적어도 하나는 되는 일이 있어!"라고 말해 보세요. 꼭 되는 일이 한 개는 생길 거예요.

"(　　　) 빼고는 다 좋아!"라고 말해요

1. 가만히 떠올려요

나는 키가 작은 편이에요. 키를 키우고 싶어서 키 크는 데 도움이 된다는 건 다 하고 있는데 잘 안 커서 얼마나 속상한지 몰라요. 키 작은 내 모습이 보기 싫어서 나도 모르게

" _____ " 라고 말했어요.

2. 곰곰이 생각해요

키가 크고 싶은데, 생각만큼 자라지 않아서 실망스러운 친구들이 많아요. 하지만 자기의 부족한 점에만 몰두하면, 장점을 볼 여유가 없어요. **"나는 키 빼고는 다 좋아!"를 넣어 말해 보세요. 작은 키가 떠오르지 않을 만큼 멋진 장점이 많이 생각날 거예요.**

평소에 이렇게 말하지 않았나요?

(   )가 문제야.

이렇게 바꿔 말해 봐요

(   ) 빼고는 다 좋아!

3. 찬찬히 연습해요

글씨를 못 써서 고민이에요. 이럴 때 뭐라고 할까요?

예시) 나는 글씨를 잘 못 쓰는 거 빼고는 다 좋아! 그리고 글씨는 연습하면 잘 쓸 수 있어.

꿀팁!

우리는 누구보다 자기 자신의 단점을 크게 보아요. 그래서 다른 사람도 내 단점을 쉽게 볼 거로 생각하지만, 그렇지 않아요. 장점을 찾아서 더 발전시켜 보세요. 스스로가 생각했던 단점은 눈에 띄지도 않을 거예요.

"나 하나라도!"라고 말해요

1. 가만히 떠올려요

교실을 청소하는데, 오늘따라 청소하기가 참 귀찮아요. 어차피 우리 반 친구들 모두 청소하니까 나도 모르게

66 _____ 99 라고 말했어요.

2. 곰곰이 생각해요

함께 일하는 사람이 많으면 '나 하나쯤이야!' 하는 마음이 들 수 있어요. '나 하나쯤은 열심히 안 해도 된다'는 생각으로 일하면, 보람을 느낄 수 있을까요? **"나 하나라도!"를 넣어 말해 보세요. 똑같은 일도 다르게 보일 거예요.**

평소에 이렇게 말하지 않았나요?

나 하나쯤이야!

이렇게 바꿔 말해 봐요

나 하나라도!

3. 찬찬히 연습해요

모둠 수업에서 다른 친구들이 열심히 발표 준비를 하고 있어요. 이럴 때 뭐라고 할까요?

　　예시) 얘들아, 나도 열심히 도울께!

꿀팁!

미국의 유명한 작가는 **"생각을 조금만 바꾸면, 모든 일이 즐거워진다"**라고 했어요. '나 하나라도!'라는 마음을 가진 사람은 모든 일을 즐겁게 할 수 있답니다.

"여기까지 한 것만으로도 훌륭해" 라고 말해요

1. 가만히 떠올려요

다음 주에 체육대회가 있어요. 올해는 꼭 이어달리기 선수를 하고 싶어서 한 달 전부터 달리기 연습을 했어요. 오늘 이어달리기 할 사람을 뽑았는데, 보기 좋게 탈락했지 뭐예요. 그동안 연습했던 게 다 소용없이 느껴져서

" _____ " 라고 말했어요.

2. 곰곰이 생각해요

열심히 준비했는데, 뜻을 이루지 못하면 정말 기운이 빠지죠. 그래도 달리기를 연습하는 동안 분명 달리기 속도가 빨라졌을 거예요. 몸도 튼튼해지고요. **"여기까지 한 것만으로도 훌륭해"** **를 넣어 말해 보세요. 그동안 노력한 자신이 더 멋져 보일 거예요.**

평소에 이렇게 말하지 않았나요?

역시 난 안 돼.

이렇게 바꿔 말해 봐요

여기까지 한 것만으로도 훌륭해.

3. 찬찬히 연습해요

배드민턴을 아무리 연습해도 친구를 이길 수가 없어요. 이럴 때 뭐라고 할까요?

예시) 이렇게 연습한 것만으로도 훌륭해. 그래도 지난번보다 점수 차이가 훨씬 줄었어.

꿀팁! 후회하지 않을 만큼, 나 자신에게 부끄럽지 않을 정도로 최선을 다했는데 안 되는 일이 있나요? 그럼, 잠시 그 일을 멈추어 보세요. 조금 쉬면서 한 발짝 떨어져서 바라보면, 안 보이던 더 좋은 길이 보일지도 몰라요.

"학교도 재미있어!"라고 말해요

1. 가만히 떠올려요

초등학교 1학년이 되니 지켜야 할 규칙이 늘어났어요. 제일 지키기 힘든 게 쉬는 시간 10분이에요. 유치원 때는 많이 놀았는데, 초등학생이 되니 공부 시간이 너무 길어요. 더 놀고 싶은 마음에 나도 모르게

"   " 라고 말했어요.

2. 곰곰이 생각해요

바꿀 수 없는 상황은 긍정적으로 받아들이세요. 유치원생은 유치원생답게, 초등학생은 초등학생답게 생각하고 행동하는 방법을 배워야 해요. **"학교도 재미있어!"를 넣어 말해 보세요. 유치원만큼 멋진 초등학교 생활이 펼쳐질 거예요.**

평소에 이렇게 말하지 않았나요?
유치원은 재미있었는데!

이렇게 바꿔 말해 봐요
학교도 재미있어!

3. 찬찬히 연습해요

동생이 태어나기 전에는 온 가족이 나만 바라봤는데, 동생이 태어난 후론 상황이 달라졌어요. 이럴 때 뭐라고 할까요?

예시) 나는 언니/오빠/누나/형이 됐어. 얼른 동생과 같이 놀면 좋겠다!

꿀팁! 새로운 환경에 적응하려면 힘이 많이 들어요. 그래도 힘들다고만 생각하지 말고, 좋은 점을 찾아보세요. 긍정적으로 생각하는 습관을 들이면, 날마다 신나는 일들이 생길 거예요.

"(   )를 해서, (   )를 잘할 거야!" 라고 말해요

1. 가만히 떠올려요

친해지고 싶은 친구가 아파트 옆 동에 사는 걸 알게 됐어요. 그래서 학교 끝나고 같이 집에 가자고 말하려고 했는데, 부끄러워 결국 말을 못하고 돌아섰어요. 다음엔 꼭 친구에게 제대로 말하고 싶어서

66 _____ 99 라고 결심했어요.

2. 곰곰이 생각해요

친구에게 하고 싶은 말을 잘하려는 목표를 세웠다면, 목표에 다가갈 방법을 넣어서 말해 보세요. 예를 들면, **"말할 내용을 미리 준비해서 연습할 거야!"**라고요. **구체적인 계획을 세워서 실천하면, 더 빠르고 정확하게 목표를 이룰 수 있을 거예요.**

평소에 이렇게 말하지 않았나요?

(　　　)를 잘할 거야!

이렇게 바꿔 말해 봐요

(　방법　)를 해서,
(　목표　)를 잘할 거야!

3. 찬찬히 연습해요

책을 선생님처럼 잘 읽고 싶다는 목표를 세웠어요. 이럴 때 뭐라고 할까요?

예시) 날마다 한 쪽씩 소리 내어 읽기를 연습해서 책을 술술 잘 읽을 거야.

 꿀팁! 목표를 이루기 위해서는 구체적으로 할 일을 콕 집어서 말하는 게 좋아요. 그래야 실천할 힘이 더 생겨나거든요. 아자아자! 힘내요!

"다음엔 할 수 있어"라고 말해요

1. 가만히 떠올려요

점심시간에 친구들이랑 축구를 하는데, 오늘도 한 골도 못 넣었어요. 계속 슛이 빗나가요. 아이들이 나에게 패스도 잘 안 해 주네요. 너무 실망스러워서

" _____ " 라고 말했어요.

2. 곰곰이 생각해요

마음대로 안 되는 일이 있지요. 몇 경기째 허탕을 치면 정말 기운이 빠져요. 그런데 내가 골을 못 넣었어도, 우리 팀이 넣었으면 함께 넣은 거예요. 그리고 내가 골을 넣을 날이 꼭 올 거고요. **"다음엔 할 수 있어"를 넣어 말해 보세요.**

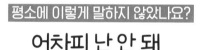
평소에 이렇게 말하지 않았나요?
어차피 난 안 돼.

이렇게 바꿔 말해 봐요
다음엔 할 수 있어.

3. 찬찬히 연습해요

수학시험에서 꼭 100점 받고 싶었는데, 이번에도 또 한 개를 틀렸어요. 이럴 때 뭐라고 할까요?

예시) 다음 수학 시험에는 꼭 100점 받을 수 있어! 이번에 한 개도 아쉽게 틀렸잖아?

꿀팁!

꼭 해내고 싶은 일이 있다면, 해낼 때까지 꾸준히 하면 돼요. 열심히 노력하는 사람에게는 '시간'이라는 강력한 편이 생겨요. 자꾸 도전하다 보면 꼭 해낼 수 있을 거예요!

"내 (　　　)은/는 매력 있어"라고 말해요

1. 가만히 떠올려요

내 짝꿍은 참 예뻐요. 그래서 인기도 많은 것 같아요. 거울을 보니 나는 짝꿍에 비하면 너무 못생겼어요. 속상한 마음에 나도 모르게

66 _____　99 라고 말했어요.

2. 곰곰이 생각해요

자기 외모에 100% 만족하는 사람이 몇 명이나 될까요? 내 모습을 찬찬히 살펴보세요. 분명히 매력적인 부분을 찾을 수 있을 거예요. **이제 "내 (   )은/는 매력 있어"를 넣어 말해 보세요. 내가 나를 사랑하고 아껴야 다른 사람도 나를 사랑하고 아껴 준답니다.**

평소에 이렇게 말하지 않았나요?

난 못생겼어.

이렇게 바꿔 말해 보요

내 (   )은/는 매력 있어.

3. 찬찬히 연습해요

개구쟁이 친구가 내 외모를 보고 놀렸어요. 이럴 때 뭐라고 할까요?

　예시) 외모를 놀리는 건 정말 수준 낮은 거야. 그리고 나는 충분히 매력 있어!

꿀팁!

외모로 누군가를 평가하는 건, 정말 잘못된 일이에요. 누군가 외모로 여러분을 놀린다면, 따끔하게 이야기하고 무시하세요. 내면이 매력적인 사람이 나중에는 외모까지 빛나게 된답니다.

"잘 안 되면 어때?"라고 말해요

1. 가만히 떠올려요

학교에서 수업 시간에 모둠별로 역할극을 발표하기로 했어요. 모둠 친구들이 역할극을 색다르게 해 보자고 했어요. 나도 좀 특별한 역할극을 해 보고는 싶어요. 하지만 걱정하는 마음에

" _____ " 라고 말했어요.

2. 곰곰이 생각해요

새로운 일을 시도할 땐 용기가 필요해요. 다른 사람과 다른 일을 하려면 불안하기도 하죠. 하지만 끝없이 새로운 일에 도전하고, 실패도 해 봐야 진짜 실력을 갖출 수 있어요. **"잘 안 되면 어때?"를 넣어 말해 보세요. 가치 있고 새로운 일에 도전해 볼 용기가 생겨날 거예요.**

평소에 이렇게 말하지 않았나요?
이게 잘될 리가 없어.

이렇게 바꿔 말해 봐요
잘 안 되면 어때?

3. 찬찬히 연습해요

파스텔을 한 번도 안 써 봤는데, 선생님께서 배경을 파스텔로 색칠해 보라고 하셨어요. 이럴 때 뭐라고 말할까요?

예시) 파스텔을 사용해 봐야지. 잘 안 되면 어때? 다음엔 파스텔로 더 잘 칠하겠지!

꿀팁!

'잘될 리가 없어'라는 마음이 들 때, 왜 그런 마음이 드는지 생각해 보세요. 어떻게 하면 잘할 수 있을지 전략을 세우면, 성공 확률을 높일 수 있답니다.

"내가 하면 다른 사람에게 도움이 될 거야"
라고 말해요

1. 가만히 떠올려요

만들기 시간이 끝나고 보니, 우리 반 쓰레기통이 꽉 찼어요. 넘치는 쓰레기를 한 번 꾹 눌러 주고, 쓰레기통을 비워야 하는 건 알아요. 하지만 귀찮기도 하고, 우리 반엔 나만 있는 게 아니니까

66　　　　　　　　　　　　　　　　　　　　99 라고 말했어요.

2. 곰곰이 생각해요

반 친구들이 함께 쓰는 쓰레기통을 나서서 치우고 싶은 사람은 별로 없을 거예요. 하지만 이 세상은 힘들고 어려운 일을 솔선해서 한 사람들이 바꿔 왔답니다. "**내가 하면 우리 반에 도움이 될 거야**"를 넣어 말해 보세요. 우리 반 분위기를 바꿀 진짜 리더가 될 수 있어요.

평소에 이렇게 말하지 않았나요?

누군가는 하겠지.

이렇게 바꿔 말해 봐요

내가 하면 다른 사람에게 도움이 될 거야.

3. 찬찬히 연습해요

복도에 쓰레기가 떨어져 있어요. 이럴 때 뭐라고 할까요?

예시) 내가 저 쓰레기를 주우면, 복도를 다니는 사람들에게 도움이 될 거야.

꿀팁!

'방관자 효과'라는 말을 들어 보았나요? 사람이 많을수록 곤경에 처한 사람을 도우려는 사람이 적어지는 현상이에요. 여러분이 도움이 필요할 때, 모두가 '다른 사람이 돕겠지.' 하고 그냥 지나간다면 어떤 마음이 들까요?

"나중에 후회하지 말고, 지금 해 보자" 라고 말해요

1. 가만히 떠올려요

교실에서 강낭콩을 키우고 있어요. 튼튼하게 자라라고 물도 주고, 영양제도 주었는데, 잘 자라지 않아요. 그동안 들인 노력에도 시들거리는 강낭콩이 원망스러워서

" _____ " 라고 말했어요.

2. 곰곰이 생각해요

정성을 쏟은 일에 성과가 보이지 않으면 참 속상해요. 그래서 포기하고 싶은 마음이 들죠. 그래도 나중에 '이렇게 해 볼걸.' 하고 후회하는 것보다는 지금 할 수 있는 최선을 다하는 것이 훨씬 좋아요. **"나중에 후회하지 말고, 지금 해 보자"를 넣어 말해 보세요. 혹시 실패하더라도 후회하지 않을 수 있어요.**

평소에 이렇게 말하지 않았나요?

아무리 해도 소용없어.

이렇게 바꿔 말해 봐요

나중에 후회하지 말고,
지금 해 보자.

3. 찬찬히 연습해요

친해지고 싶은 친구가 있는데, 그 친구랑 어울리기가 어려워요. 이럴 때 뭐라고 할까요?

예시) 나중에 '말이라도 걸어 볼걸….' 하고 후회하지 말고, 지금 이야기해 봐야겠다.

꿀팁!

탈무드에서는 "이미 끝나버린 일을 후회하기보다 하고 싶었던 일을 하지 못한 것을 후회하라"라고 했어요. 하고 싶은 일이 있는데 결과가 걱정돼서 시도하기를 망설이는 친구가 있다면, 그냥 해 보세요. 지금을 놓치면 다시는 기회가 없을지도 몰라요.

"쟤가 어떻게 하는지 배워야겠다" 라고 말해요

1. 가만히 떠올려요

우리 반에 뭐든지 잘하는 친구가 있어요. 그림도 잘 그리고, 달리기도 잘해요. 발표도 똑 부러지게 잘하고, 수학 문제도 척척 풀지요. 그 친구가 부럽고 샘도 나서

66

_____ 99 라고 말했어요.

2. 곰곰이 생각해요

뭐든지 잘해서 신기하고 부러운 친구를 만난 적이 있나요? 질투심이 느껴질 만도 해요. 그래도 멋진 친구와 어울리면, 여러분도 멋진 사람으로 성장할 수 있다는 걸 기억하세요. **"쟤가 어떻게 하는지 배워야겠다"**, 혹은 **"어떻게 하는지 나도 가르쳐 줄래?"** 하고 그 친구에게 직접 말해 보세요.

평소에 이렇게 말하지 않았나요?
쟤는 뭐든지 잘해서
좋겠다.

이렇게 바꿔 말해 봐요
쟤가 어떻게 하는지
배워야겠다.

3. 찬찬히 연습해요

그림을 잘 그리는 친구가 있어요. 나도 그 친구처럼 그림을 잘 그리고 싶어요. 이럴 때 어떻게 말하면 좋을까요?

예시) 나도 너처럼 그림을 잘 그리고 싶어. 네가 어떻게 그림을 그리는지 살펴봐도 돼?

'마중지봉麻中之蓬'이라는 사자성어를 아나요? 구부러진 쑥도 삼밭에서는 곧게 자라듯이 좋은 사람과 사귀면 자연히 나도 좋은 사람이 된다는 뜻입니다. 무엇이든 잘하는 친구와 사귀면서 배우면 여러분도 무엇이든 잘하게 될 거예요.

"우리 부모님은 (　　　)도 해 주시지!" 라고 말해요

1. 가만히 떠올려요

친구들과 어린이날 한 일을 이야기했어요. 다른 친구들은 선물도 받고, 외식도 하고, 놀이 공원에도 다녀왔대요. 그런데 나는 선물만 받았어요. 속상한 마음에 나도 모르게

66 _____ 99 라고 말했어요.

2. 곰곰이 생각해요

여러분과 친구가 다른 것처럼, 친구 부모님과 우리 부모님은 달라요. 그런데 자녀를 키우는 부모 대부분에게 공통점이 있다는 걸 알고 있나요? 바로 자녀를 잘 키우려고 최선을 다한다는 점이랍니다. **"우리 부모님은 (　　　)도 해 주시지!"를 넣어 이야기해 보세요. 부모님의 사랑을 더 많이 느낄 수 있을 거예요.**

평소에 이렇게 말하지 않았나요?
친구 부모님은 (　　)도
해 주는데….

이렇게 바꿔 말해 봐요
우리 부모님은 (　　)도
해 주시지!

3. 찬찬히 연습해요

친구네 부모님은 파자마 파티를 허락하셨는데, 우리 부모님은 안 된다고 하셨어요. 이럴 때 어떻게 말하면 좋을까요?

　예시) 우리 부모님은 가족 여행을 많이 데려가 주시잖아. 파자마 파티는 나를 위해 반대하시는 걸 거야.

꿀팁!
사람은 저마다 장단점이 있고, 있는 그대로 소중한 존재랍니다. 특히 가족끼리는 더욱 서로의 장점을 칭찬하고 고마워해야 더 잘 지낼 수 있어요. 가까운 사람일수록 더 감사를 표현하는 슬기로운 어린이가 되길 바라요.

"학교는 가야지"라고 말해요

1. 가만히 떠올려요

아침에 일어나기 정말 싫어요. 좀 더 자고 싶어요. 학교에 가서 공부하는 것도 힘들고요. 늦잠도 자고, 집에서 게임이나 하면서 놀고 싶은 마음에 나도 모르게

     " _____ " 라고 말했어요.

2. 곰곰이 생각해요

나이와 역할에 따라 힘들어도 해야 할 일이 있어요. 부모님이 여러분의 보호자니까 여러분을 돌보시는 것처럼, 여러분은 학생이니까 학교에 가야 해요. **"학교는 가야지"를 넣어 이야기해 보세요. 책임감 있는 태도가 길러질 거예요.**

평소에 이렇게 말하지 않았나요?
학교 가기 싫어!

이렇게 바꿔 말해 봐요
학교는 가야지.

3. 찬찬히 연습해요

나와 같은 학교에 다니는 동생이 학교에 가기 싫다고 칭얼대고 있어요. 이럴 때 어떻게 말하면 좋을까요?

예시) 나랑 같이 학교에 가자. 학교에 가면서 네 이야기 들어 줄게.

꿀팁! 학교에 가기 싫은 마음이 드는 이유를 곰곰이 생각해 보세요. 학교에 가기 싫은 이유를 명확히 알게 되면, 무슨 도움을 누구에게 받을지 알 수 있어요.

"진짜 잘됐다"라고 말해요

1. 가만히 떠올려요

친구랑 피아노 연주 경연 대회에 참가했어요. 친구는 대상을 받고 나는 우수상을 받았어요.
친구가 날마다 열심히 연습한 걸 알지만, 내가 받은 상이 초라해 보여서 나도 모르게

"　　　　　　　　　　　　　　　　　　　　　　" 라고 말했어요.

2. 곰곰이 생각해요

나보다 더 큰 상을 탄 친구를 축하하기 어려울 수 있어요. 다른 사람보다 내가 더 좋은 걸 갖고 싶은 마음이 드는 건 자연스러운 일이거든요. 하지만 그 친구가 목표를 이루려고 노력한 걸 안다면, 진심으로 같이 기뻐해 주세요. **"진짜 잘됐다!"를 넣어 이야기해 보세요. 진정한 친구도 생기고, 여러분에게도 진짜 좋은 일이 생길 거예요.**

평소에 이렇게 말하지 않았나요?
넌 참 좋겠다.

이렇게 바꿔 말해 봐요
진짜 잘됐다.

3. 찬찬히 연습해요

태권도 학원에 같이 다니는 친구가 나보다 먼저 승급했어요. 이럴 때 어떻게 말하면 좋을까요?

　예시) 품새를 열심히 연습하더니, 승급했구나. 진짜 잘됐어!

꿀팁!

친구를 축하할 때, 친구가 기울인 노력을 알아봐 주세요. 수많은 칭찬과 축하 중에 여러분이 말한 내용이 특별하게 들릴 거예요. 친구의 마음도 으쓱해지고, 진심으로 축하하는 여러분의 마음도 덩달아 쑥 자라날 거예요.

"넌 ( )을/를 잘하는구나!"라고 말해요

1. 가만히 떠올려요

친구는 수학을 정말 잘해요. 어려운 수학 문제도 술술 풀죠. 어려워서 못 푸는 문제를 친구가 설명해 줬는데 불쑥 질투심이 났어요. 그래서 나도 모르게

"   " 라고 말했어요.

2. 곰곰이 생각해요

어떤 일을 잘하는 사람에게 샘이 날 때가 있죠. 그래도 그 사람이 그 일을 잘하게 되기까지 기울인 노력을 정확히 알지도 못하면서 "잘난 척한다"고 말하는 건 큰 실례예요. 보고 느낀 대로 "넌 (　　　)을/를 잘하는구나!"라고 말 해 볼까요? 만약 샘이 나서 인정조차 하고 싶지 않다면, 아무 말도 안 하는 게 낫답니다.

평소에 이렇게 말하지 않았나요?		이렇게 바꿔 말해 봐요
잘난 척하지 마.		넌 (　　　)을/를 잘하는구나.

3. 찬찬히 연습해요

춤을 잘 추는 친구가 있어요. 그 친구는 쉬는 시간마다 교실 뒤에서 춤을 연습해요. 이럴 때 어떻게 말하면 좋을까요?

　　예시) 너는 춤을 잘 추는구나! 어떻게 춤을 그렇게 잘 추게 됐어?

꿀팁! 여러분도 자랑하고 싶은 재주가 있을 거예요. 그 일을 다른 사람에게 보여 주었을 때, 실력을 인정하거나 노력을 알아봐 주는 사람이 얼마나 고마울까요? 다른 사람의 입장이 되어 말하는 습관을 들여 보세요.

"(   )하고 싶구나(싶었구나)?" 라고 말해요

1. 가만히 떠올려요

우리 반에 화를 잘 내는 친구가 있어요. 오늘은 나도 기분이 별로 안 좋은데, 그 친구가 또 화를 내는 거예요. 친구가 야속해서

" _____ " 라고 말했어요.

2. 곰곰이 생각해요

친구가 화내는 걸 더는 보고 싶지 않아서 "너는 왜 이리 화를 잘 내?"라고 말했나요? 이 말이 친구의 화를 가라앉히는 데 도움이 되는 말일까요? 오히려 친구의 화를 더 돋울 수 있어요. 화를 내는 친구의 마음을 헤아려 **"(   )하고 싶구나(싶었구나)?"를 넣어 말해 보세요.**

3. 찬찬히 연습해요

급식실 줄이 길다고 화를 내는 친구가 있어요. 이럴 때 어떻게 말하면 좋을까요?

예시) 밥을 빨리 먹고 싶구나. 나도 배고파. 줄이 줄어들고 있으니 조금만 기다리자.

꿀팁!

화를 내는 친구에게 일부러 다가갈 필요는 없어요. 다만, 화내는 친구와 함께 있을 수밖에 없거나, 화를 풀어 주고 싶을 때는 그 친구가 화를 내는 이유를 생각해서 마음을 읽어 주세요.

"네 덕분에 (　　　)을/를 알게 됐어" 라고 말해요

1. 가만히 떠올려요

우리 반에 따지기 대장이 있어요. 그냥 넘어가도 될 일을 왜 그런 일이 일어났는지, 누가 잘하고 잘못했는지를 꼭 짚고 넘어가요. 그 친구가 또 따지기 시작하길래 짜증 나서 나도 모르게

" _____ " 라고 말했어요.

2. 곰곰이 생각해요

잘 따지는 사람과 지내면 좀 피곤하기도 하죠? 하지만, 일이 일어난 원인과 결과를 잘 분석하는 친구 덕분에 내가 보지 못한 면을 알게 될 때도 있어요. 조목조목 따지는 친구가 힘들면, **"네 덕분에 (　　　)을/를 알게 됐어"를 넣어서 말해 보세요. 친구의 마음도 얻고, 여러분의 피로는 날아갈 거예요.**

평소에 이렇게 말하지 않았나요?

그만 좀 따져.

이렇게 바꿔 말해 봐요

네 덕분에 (　　　)을/를
알게 됐어.

3. 찬찬히 연습해요

놀이가 다 끝났는데 친구가 또 놀이에서 누구 때문에 졌는지 따지기 시작해요. 이럴 때 어떻게 말하면 좋을까요?

　예시) 네 덕분에 우리가 진 이유를 알게 됐어. 그런데 놀이는 끝났으니까 딴 얘기 할까?

꿀팁!

돌이킬 수 없는 일을 따지는 건 상처를 건드리는 것과 같아요. 때로는 너그럽게 용서하는 태도가 필요하다는 걸 잊지 마세요.

"너는 알뜰해서 멋있어"라고 말해요

1. 가만히 떠올려요

내 친구는 정말 구두쇠예요. 내가 인기 스티커를 살 때 친구는 한 장도 안 사고, 내가 떡꼬치를 먹을 때도 친구는 아무것도 안 먹겠대요. 혼자 먹는 게 싫어서 나도 모르게

" _____ " 라고 말했어요.

2. 곰곰이 생각해요

친구가 여러분에게 사 달라고 조르는 게 아니라면, "너도 돈 좀 써"라고 말하면 안 돼요. 돈은 형편에 맞게, 원하는 것이 생겼을 때 신중하게 쓰는 습관을 들여야 해요. 씀씀이에 관해 꼭 말해야 한다면, "너는 알뜰해서 멋있어"를 넣어서 말해 보세요. 하지만 친구와는 돈 이야기를 하지 않는 것이, 특히 돈이 오가는 일을 만들지 않는 게 현명해요.

평소에 이렇게 말하지 않았나요?

너도 돈 좀 써!

이렇게 바꿔 말해 봐요

너는 알뜰해서 멋있어.

3. 찬찬히 연습해요

친구들이 돈을 잘 안 쓰는 어떤 친구를 험담하면서, 나보고 그 친구를 어떻게 생각하냐고 물어봐요. 이럴 때 어떻게 말하면 좋을까요?

　예시) 사 달라고 조르는 게 아니면, 알뜰한 건 좋은 거 같아.

친구를 사귀고 싶어서 친구들에게 간식이나 물건을 사 주는 것은 안 돼요. 돈으로는 진짜 친구를 살 수 없거든요. 무엇보다 친구와 돈을 주고받는 일을 만들지 않는 게 현명해요.

"생각이 정리되면 말해 줘"라고 말해요

1. 가만히 떠올려요

말수가 적은 친구가 있어요. 내가 열 마디 할 때 그 친구는 한 마디 정도 할까 말까예요. 오늘도 학교에서 있었던 일을 말하는데, 그 친구가 또 듣고만 있는 거예요. 나 혼자 말하는 게 싫어서 나도 모르게

" _____ " 라고 말했어요.

2. 곰곰이 생각해요

말없이 여러분의 말을 귀 기울여 듣는 친구가 있나요? 그 친구를 꼭 잡으세요. 진짜 만나기 어려운 좋은 친구거든요. 생각이 많아서 정리할 때까지 시간이 오래 걸리는 사람도 있고, 듣는 걸 더 좋아하는 사람도 있어요. **"생각이 정리되면 말해 줘"를 넣어서 말해 보세요. 묵묵하고 믿음직한 친구들이 여러분의 곁에 하나둘 늘어날 거예요.**

평소에 이렇게 말하지 않았나요?

넌 왜 이리 답답해?

이렇게 바꿔 말해 봐요

생각이 정리되면 말해 줘.

3. 찬찬히 연습해요

모둠 발표를 준비하는데, 한 친구가 계속 고민만 하고 말을 안 해요. 이럴 때 어떻게 말하면 좋을까요?

  예시)) 생각이 정리되면 말해 줘. 그럼, 다른 내용부터 정해 볼까?

꿀팁!

내가 하고 싶은 이야기를 하기 전에 다른 사람의 이야기를 귀 기울여 듣고, 생각을 잘 정리해서 말하는 태도를 기르세요. 깊이 생각하고 꺼낸 한 마디는 백 마디의 말보다 훨씬 힘이 셀 때가 많아요.

"신중하면 실수가 없지"라고 말해요

1. 가만히 떠올려요

다음 시간에 단원 평가를 봐요. 친구가 모르는 문제가 나오면 어쩌나, 공부했는데 기억이 안 나면 어쩌나, 문제를 잘못 읽으면 어쩌나 하고 걱정하기 시작했어요. 답답한 마음에 나도 모르게

" _____ " 라고 말했어요.

2. 곰곰이 생각해요

똑같은 일을 앞두고 유난히 걱정이 앞서는 사람이 있어요. 그래도 그런 사람들 덕분에 미래를 잘 대비할 수 있어요. **"너처럼 신중하면 실수가 없겠다"를 넣어서 말해 보세요. 나는 친구의 장점을 보는 눈이 생기고, 친구는 불안을 조금 내려놓을 수 있을 거예요.**

평소에 이렇게 말하지 않았나요?
별걸 다 걱정하고 있네.

이렇게 바꿔 말해 봐요
신중하면 실수가 없지.

3. 찬찬히 연습해요

친구랑 주말에 만나서 놀기로 했어요. 친구가 날씨가 안 좋으면 어쩌나, 늦잠을 자게 되면 어쩌나 하고 걱정하기 시작했어요. 이럴 때 어떻게 말하면 좋을까요?

　예시) 너처럼 신중하면 실수가 없겠다. 걱정하는 일이 안 생기게 하려면 어떻게 할까?

꿀팁!
일부러 걱정을 만들 필요는 없지만, 만약을 대비하는 건 배워 두면 좋아요. 자꾸 걱정되는 일이 있으면 구체적으로 적어 보세요. 좋은 해결 방법이 떠오르거나, 걱정할 필요가 없다는 걸 깨달을지도 몰라요.

"저 친구는 참 밝아"라고 말해요

1. 가만히 떠올려요

우리 반에 별명이 '부녀회장'인 친구가 있어요. 쉬는 시간마다 여기저기 돌아다니면서 웃고 떠들고, 어떨 땐 춤도 춰요. 그 친구가 오늘따라 더 활발해서 나도 모르게

❝_____❞ 라고 말했어요.

2. 곰곰이 생각해요

친구들과 어울려 이야기하는 데서 힘을 얻는 사람이 있어요. 그런 사람이 주변에 있으면 분위기가 명랑하고 밝아지죠. '시끄럽다'는 표현 대신 **"저 친구는 참 밝아"**라고 말하는 것이 더 좋겠지요? **부정적인 표현보다 긍정적인 표현을 사용하는 습관을 들여 보세요.**

평소에 '이렇게 말하지 않았나요?
쟤는 진짜 시끄러워.

이렇게 바꿔 말해 봐요
저 친구는 참 밝아.

3. 찬찬히 연습해요

평소에 말이 많은 친구가 시무룩해서 '애들이 나한테만 시끄럽다고 뭐라고 해'라며 슬퍼해요. 이럴 때 어떻게 말하면 좋을까요?

예시) 넌 성격이 명랑하고 밝아서 좋아. 목소리 크기만 좀 줄이면 될 것 같은데?

꿀팁!

'뒷담화'라는 말을 들어 본 적이 있을 거예요. 맞대 놓고는 말을 못하고 뒤에서 큰소리를 친다는 '뒷소리'의 다른 말이죠. 친구 문제의 대부분은 뒷담화에서 시작해요. 당사자가 없는 곳에서는 그 사람에 관해서 이야기하지 않는 것이 좋아요.

"최선을 다해 보자!"라고 말해요

1. 가만히 떠올려요

반 대항 체육대회를 했어요. 다른 종목은 다 끝나고, 마지막으로 이어달리기만 남았어요. 이어달리기에서 이기면 우리 반이 우승이에요. 이기고 싶은 마음에 이어달리기 선수들에게

" _____ " 라고 말했어요.

2. 곰곰이 생각해요

반을 대표해서 뛰는 선수들은 친구들의 기대만큼 부담도 클 거예요. 대표 선수들이야말로 꼭 이기고 싶을 거고요. 부담을 더하는 말보다 마음을 편하게 해 주는 게 달리기에 훨씬 도움이 되지 않을까요? **"최선을 다해서 달려"를 넣어 말해 보세요. 조금이나마 가벼운 마음으로 달릴 수 있게요.**

평소에 이렇게 말하지 않았나요?
꼭 이겨야 해!

이렇게 바꿔 말해 봐요
최선을 다해 보자!

3. 찬찬히 연습해요

아빠가 운동회 때 학부모 달리기 선수로 뛰게 됐어요. 이럴 때 어떻게 말하면 좋을까요?

　예시) 아빠! 최선을 다해 달리세요! 제가 응원할게요!

꿀팁!

꼭 이겨야겠다는 마음을 먹으면, 긴장해서 제대로 실력 발휘를 못 할 때가 있어요. 여러분도 준비할 때는 최선을 다하고, 실전에서는 연습한 만큼만 하자는 마음으로 덤덤하게 나서도록 해요.

"고생했어. 네 덕분에 (   )하게 됐어" 라고 말해요

1. 가만히 떠올려요

수채 물감을 쓰는 시간에 물통을 안 가져온 친구들이 있어서 모둠 친구들과 물통을 같이 쓰기로 했어요. 물통을 안 가져온 친구가 물을 떠 와서 고마운 마음에

" _____ " 라고 말했어요.

2. 곰곰이 생각해요

친구의 수고를 알아주고 "고생했어!"라고 말하다니, 정말 훌륭한 어린이군요. "고생했어"라는 말로도 충분하지만, **"고생했어. 네 덕분에 수채화를 편하게 그릴 수 있어"라고 말해 보세요.** 친구가 더 보람을 느끼고, 행복해할 거예요. 물통에 있는 물이 더러워지면, 모둠 친구들이 돌아가면서 물 떠오는 것도 잊지 말고요.

평소에 이렇게 말하지 않았나요?

고생했어!

이렇게 바꿔 말해 봐요

고생했어.
네 덕분에 (   )하게 됐어.

3. 찬찬히 연습해요

부모님이 땀을 뻘뻘 흘리며 음식을 준비하는 모습을 보았어요. 이럴 때 어떻게 말하면 좋을까요?

예시) 고생하셨지요? 아빠 엄마가 정성껏 음식을 만들어 주신 덕분에 진짜 맛있게 먹었어요!

꿀팁!

고마운 마음을 말로 표현하는 게 중요해요. 특히 부모님께 받는 게 당연하다고 생각하지 말고, 부모님께서 고생하시는 걸 알고 있다는 걸 표현하세요. 감사함을 알고 표현하는 사람이 더 행복해질 수 있어요.

"나는 네 편이야"라고 말해요

1. 가만히 떠올려요

제일 친한 친구가 오늘 계속 시무룩해 있어요. 아픈 데도 없다는데 온종일 기운 없이 앉아 있어요. 왜 그러는지 말도 안 하는 친구가 걱정되고, 마음이 쓰여서

" _____ " 라고 말했어요.

2. 곰곰이 생각해요

친구를 위하는 따뜻한 마음을 가진 어린이군요. 옆에 있어 주는 것만으로도 그 친구에게는 힘이 될 거예요. 친구가 왜 그러는지 궁금하겠지만, 친구가 스스로 속마음을 말할 때까지 기다려 주세요. **"힘내"라는 말과 함께 "나는 네 편이야"라는 말도 해 주면 좋아요.**

평소에 이렇게 말하지 않았나요?	이렇게 바꿔 말해 봐요
힘내!	나는 네 편이야.

3. 찬찬히 연습해요

친구가 열심히 공부할 거라고 말했어요. 친구를 응원하고 싶어요. 이럴 때 어떻게 말하면 좋을까요?

예시) 넌 해낼 수 있을 거야! 난 네 편이야!

꿀팁! "힘내!", "힘내세요!"라고 말해 주고 싶은 사람을 떠올려 보세요. 그리고 그 사람이 진짜 힘을 내려면 무엇이 필요할지 생각해 보세요. 그러면 진짜 힘이 나는 응원, 격려, 위로를 해 줄 수 있을 거예요.

"네가 내 친구라서 좋아"라고 말해요

1. 가만히 떠올려요

친구랑 싸웠어요. 토라진 친구를 보니 얄미운 마음이 들었어요. '안 놀면 그만이지 뭐.' 하는 생각에

" _____ " 라고 말했어요.

2. 곰곰이 생각해요

친구가 나를 많은 친구 중 한 명일 뿐이라고 생각한다면, 그 친구와는 더는 가까워지고 싶지 않겠지요? 아무리 친구가 많더라도 친구 한 명 한 명을 존중해야 해요. **"난 네가 내 친구라서 좋아"**를 넣어 말해 보세요. 친구 사이가 좋아질 거예요.

평소에 이렇게 말하지 않았나요?
너 말고도 친구는 많아.

이렇게 바꿔 말해 봐요
네가 내 친구라서 좋아.

3. 찬찬히 연습해요

다리를 다쳐서 보건실에 가는데, 친구가 같이 가자면서 나를 부축해 줬어요. 이럴 때 어떻게 말하면 좋을까요?

예시) 정말 고마워. 네가 내 친구라서 좋아.

꿀팁! 친구가 별로 없다고 속상해하지 마세요. 내 마음을 터놓고 이야기할 친한 친구 한 명이면 충분해요. 여러분이 먼저 좋은 친구가 되어 주면, 여러분에게도 좋은 친구가 생길 거예요.

"여기까지는 했구나?"라고 말해요

1. 가만히 떠올려요

모둠 신문을 만드는 시간이었어요. 각자 모둠 신문에 들어갈 자료를 써서 모이기로 했어요. 시간이 되어서 모였는데, 아직 자기가 맡은 부분을 못 쓴 친구가 두 명이나 있는 거예요. 조급한 마음에 나도 모르게

66 _____ 99 라고 말했어요.

2. 곰곰이 생각해요

모둠 친구들이 시간 약속을 지키지 않아 실망했군요. 자기가 맡은 부분을 써 오지 못한 친구들도 약속을 지키고 싶었을 거예요. 다른 사람과 함께 해야 하는 일을 잘해 내려면, 일보다는 일하는 사람의 마음에 집중하는 게 좋아요. **"여기까지는 했구나?"를 넣어 말해 보세요. 모둠 친구들과 사이좋게, 게다가 일도 빨리해 낼 수 있을 거예요.**

평소에 이렇게 말하지 않았나요?
겨우 이거 한 거야?

이렇게 바꿔 말해 봐요
여기까지는 했구나?

3. 찬찬히 연습해요

나는 거실을 청소하고, 동생은 방을 치우기로 했어요. 거실을 다 정리하고 들어갔는데 아직 방이 더러워요. 이럴 때 어떻게 말하면 좋을까요?

  예시) 책상 정리까지는 했구나? 내가 좀 도와줄까?

꿀팁!

지금 당장은 내가 남보다 더 일하는 게 손해 보는 것처럼 느껴질 수 있어요. 하지만 그렇게 성실하고 희생적인 태도를 갖고 사는 사람이 결국엔 다른 사람의 신뢰를 얻고, 훌륭한 평판을 얻을 수 있어요.

월   일   요일

"우리 같이 해 볼까?"라고 말해요

1. 가만히 떠올려요

국어 시간에 토끼와 거북 역할극 연습을 했어요. 짝꿍이 토끼를 하고, 나는 거북이 역할을 맡았는데, 친구가 대사를 너무 더듬더듬 읽는 거예요. 답답해서 나도 모르게

" ＿＿＿＿＿＿＿＿＿＿＿＿＿＿＿＿ " 라고 말했어요.

2. 곰곰이 생각해요

쉬워 보이는 일을 잘 못하는 친구를 보면 답답한 마음이 들기도 해요. 짝도 대사를 줄줄 읽고 싶었을 텐데 그러지 못해서 창피하고 속상했을 거예요. 이럴 때 친구가 무안하지 않게 **"우리 같이 해 볼까?"**를 넣어 말해 보세요. 친구와 멋지게 역할극을 해낼 수 있을 거예요.

평소에 이렇게 말하지 않았나요?
넌 왜 이것밖에 못해?

이렇게 바꿔 말해 봐요
우리 같이 해 볼까?

3. 찬찬히 연습해요

모둠 친구랑 같이 협동화를 그려요. 그런데 색칠을 잘 못하는 친구가 있네요. 이럴 때 어떻게 말하면 좋을까요?

예시) 우리 좀 꼼꼼하게 색칠해 볼까? 내가 이 부분을 색칠해 볼게. 나 한번 따라해 봐.

꿀팁!

내가 잘하는 일을 다른 사람에게 알려 주면, 더 확실하게 이해하고, 더 잘하게 된다고 해요. 물론 친구에게도 도움이 되고요. 가르치는 일은 친구에게도, 나에게도 도움이 되니, '일석이조一石二鳥'랍니다.

"지금까지 고생했겠다"라고 말해요

1. 가만히 떠올려요

놀이 시간에 단체 줄넘기를 했어요. 우리 모둠에 한 아이가 돌아가는 줄이 무섭다면서 계속 서 있는 바람에 뒤에 있는 친구들은 오래 기다려야 했어요. 답답한 마음에

66 ＿＿＿＿＿＿＿＿＿＿＿＿＿＿＿ 99 라고 말했어요.

2. 곰곰이 생각해요

답답한 마음이 들 만도 하지만, 처지를 바꿔 생각해 보세요. 친구들이 모두 나를 쳐다보고 있는데, 줄이 무서워서 발이 안 떨어져요. 진땀은 나고, 친구들이 원망하는 목소리는 점점 커져요. 줄넘기를 더 못하겠지요? 주눅 든 친구에게 **"지금까지 고생했겠다"를 넣어 말해 보세요. 친구의 움츠러들었던 어깨가 펴질 거예요.**

평소에 이렇게 말하지 않았나요?
이런 것도 못해?

이렇게 바꿔 말해 봐요
지금까지 고생했겠다.

3. 찬찬히 연습해요

동생이 아직도 숙제를 못하고 낑낑대고 있어요. 뭐가 그렇게 어렵나 하고 봤더니, 쉬운 덧셈 문제를 못 풀고 있네요. 이럴 때 어떻게 말하면 좋을까요?

예시) 지금까지 고생했지? 언니가 덧셈 문제 푸는 방법을 좀 알려 줄까?

꿀팁! 나에게 쉬운 일이 남에겐 어려울 수 있고, 남에게 쉬운 일이 나에겐 어려울 수 있어요. 다른 사람에게 말하기 전에 그 사람의 처지에서 생각하는 습관을 들여 보세요. 여러분의 마음을 알아주는 좋은 친구를 사귈 수 있을 거예요.

"이해 안 되는 내용 있어?"라고 말해요

1. 가만히 떠올려요

친구에게 말하는데, 친구가 내 말에 집중하지 않는 것처럼 보여요. 내가 분명히 좀 전에 한 말인데 기억도 못하고요. 속상해서 나도 모르게

❝ _____ ❞ 라고 말했어요.

2. 곰곰이 생각해요

친구의 말을 경청하지 않는 사람이 잘못하긴 했지만, 내 말에 집중하라고 화를 내며 말하는 것도 옳은 행동은 아니에요. **"내가 한 말 중에 이해 안 되는 내용 있어?"**라는 질문을 넣어 말 **해 보세요. 집중하라고 다그치는 것보다 더 효과적일 거예요.**

평소에 '이렇게 말하지 않았나요?

내 말에 집중 좀 해.

이렇게 바꿔 말해 봐요

이해 안 되는 내용 있어?

3. 찬찬히 연습해요

학교에서 돌아오자마자 엄마께 학교에서 있었던 일을 말했어요. 그런데 엄마가 내 말을 잘 안 들으시는 것 같아요. 이럴 때 어떻게 말하면 좋을까요?

　　예시) 엄마, 제가 한 말 다 들으셨어요? 이해 안 되는 내용 있어요?

꿀팁!

상대방이 내 말을 귀 기울여 듣지 않을 때 정말 속상해요. 그러나 듣는 사람이 왜 내 말에 집중하지 못하는지를 살펴보면 어떨까요? 어쩌면 상대방도 하고 싶은 말이 있는데, 꾹 참느라 내가 하는 말을 잘 못 듣는 걸지도 몰라요.

"무슨 힘든 일 있어?"라고 말해요

1. 가만히 떠올려요

내 짝꿍은 맨날 기운이 없대요. 오늘도 아침부터 친구는 기운이 없다면서 아무것도 안 하려고 해요. 덩달아 나도 기운 빠지는 느낌이 싫어서

"　　　　　　　　　　　　　　　　　　　　　　　" 라고 말했어요.

2. 곰곰이 생각해요

가족이나 친구가 기운이 없다고 하면, 나도 기분이 추욱 쳐져요. 다른 사람의 말을 들어 줄 힘이 없을 땐, 우울한 친구보다 밝은 친구와 어울리는 것도 방법이에요. 하지만 우울한 친구를 돕고 싶다면, 핀잔을 주기보다 **"무슨 힘든 일 있어?"라는 질문을 넣어 말해 보세요. 친구를 도울 좋은 방법이 떠오를 수 있어요.**

평소에 이렇게 말하지 않았나요?
넌 왜 맨날 기운이 없어?

이렇게 바꿔 말해 봐요
무슨 힘든 일 있어?

3. 찬찬히 연습해요

아빠랑 엄마는 맨날 피곤하고 힘들대요. 나는 아빠 엄마랑 놀고 싶은데 말이에요. 이럴 때 어떻게 말하면 좋을까요?

　　예시] 아빠 엄마. 무슨 힘든 일 있으세요? 제가 도울 일은 없을까요?

꿀팁!

자주 우울해하거나 힘들어하는 친구가 있다면, 혹은 여러분이 자주 기운이 없고 슬픈 마음이 들면, 부모님이나 선생님 등 믿을 만한 어른에게 도움을 요청하세요. 학교나 교육청에는 우울한 어린이들을 돕기 위한 다양한 프로그램이 있어요.

"넌 (   )하구나"라고 말해요

1. 가만히 떠올려요

우리 반에 개미 이야기만 하는 친구가 있어요. 집에서 키우는 개미 이야기를 하면서 개미의
습성에 관해 말할 때만 눈이 반짝거려요. 맨날 개미 이야기만 하는 친구가 이상해서

66 ＿＿＿＿＿＿＿＿＿＿＿＿＿＿＿＿＿＿＿＿ 99 라고 말했어요.

2. 곰곰이 생각해요

특이한 사람이 주변에 있나요? 위인전을 읽어 보면, 평범하지 않은 어린 시절을 보낸 사람이 많아요. 다른 사람에게 피해를 주지 않으면서 특정 분야에 관심 있는 친구가 있다면, **"넌 (   )하구나"라는 말을 넣어 말해 보세요. 친구의 개성을 인정하는 성숙한 태도가 자라날 거예요.**

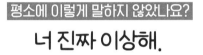

평소에 이렇게 말하지 않았나요?

너 진짜 이상해.

이렇게 바꿔 말해 봐요

넌 (   )하구나.

3. 찬찬히 연습해요

쉬는 시간마다 아이돌 춤 연습을 하는 친구가 있어요. 이럴 때 어떻게 말하면 좋을까요?

예시) 넌 춤추는 걸 좋아하는구나.

꿀팁! 다른 사람을 나의 기준에 맞추어 판단하는 태도는 좋지 않아요. 다른 사람이 여러분을 제멋대로 '이상하다'고 판단하기를 바라지 않는다면, 여러분도 다른 삶을 있는 그대로 인정해 주세요.

"조금만 작게 말해 줄래?"라고 말해요

1. 가만히 떠올려요

우리 반에 목소리가 큰 친구가 있어요. 쉬는 시간에 책을 읽고 있는데, 그 친구가 너무 시끄럽게 말해서 책에 집중할 수가 없는 거예요. 친구의 큰 목소리가 거슬려서

" _____ " 라고 말했어요.

2. 곰곰이 생각해요

'시끄러워'라고 말하면 상대방의 감정을 불필요하게 건드려서 다툼이 일어날 수도 있어요. 그럼 더 시끄러워지겠지요. 친구가 조용하게 말하기를 바란다면, 어떻게 말하면 좋을까요? **짜증스러운 표정보다는 단호하고 온화한 표정을 짓고, 친구에게 "조금만 작게 말해 줄래?"를 넣어 말해 보세요.**

평소에 이렇게 말하지 않았나요?
시끄러워!

이렇게 바꿔 말해 봐요
조금만 작게 말해 줄래?

3. 찬찬히 연습해요

오빠가 방에서 음악을 크게 틀어 놓고 있어서 숙제하는 데 방해가 돼요. 이럴 때 어떻게 말하면 좋을까요?

예시) 오빠, 음악 소리를 좀 줄여 줄래? 숙제에 집중하기가 어려워서 그래.

꿀팁!

감정을 있는 대로 다 드러내면, 의견을 효과적으로 전달하기 어려워요. 상대방이 어떻게 하기를 바라는지를 잘 정리하고, 차분하게 의견을 말해 보세요.

"그렇게 생각할 수도 있겠다"라고 말해요

1. 가만히 떠올려요

수학 시간에 학습지를 풀었어요. 선생님께서 학습지를 다 푼 사람은 짝에게 문제를 푼 방법을 설명해 보라고 하셨어요. 짝꿍의 설명을 들어 보니, 문제를 나랑 전혀 다르게 푼 데다 답도 나랑 다르더라고요. 그래서

"   " 라고 말했어요.

2. 곰곰이 생각해요

내가 아는 게 정답이라는 확신이 들더라도, 친구가 답을 그렇게 구한 이유를 잘 들어 보세요. 새로운 사실을 배우게 될 수 있거든요. 친구가 정말 틀렸더라도 **"그렇게 생각할 수도 있겠다"**를 넣어 말해 보세요. 친구가 여러분의 말에 더 귀 기울일 거예요.

평소에 이렇게 말하지 않았나요?

그건 틀렸어.

이렇게 바꿔 말해 봐요

그렇게 생각할 수도 있겠다.

3. 찬찬히 연습해요

친구가 말도 안 되는 오해를 하고 있어요. 이럴 때 어떻게 말하면 좋을까요?

  예시) 그렇게 생각할 수도 있겠다. 그런데 그건 사실이 아니야.

꿀팁!

'이청득심以聽得心'이라는 사자성어를 알고 있나요? '상대방의 말을 귀 기울여 들으면 그 마음을 얻을 수 있다'는 뜻이에요. 잘 말하는 것도 중요하지만, 그것보다 중요한 건 상대방의 말을 잘 듣는 거예요.

"(   )하면 (   )하자"라고 말해요

1. 가만히 떠올려요

동생이 방을 어질렀는데, 엄마께 내가 더 많이 혼났어요. 너무 억울한데, 동생은 나한테 사과 한마디도 안 하고 놀아 달라고 졸라요. 그래서

66 _____ 99 라고 말했어요.

2. 곰곰이 생각해요

"사과 안 하면 나랑 못 놀아"라는 말이 절로 나오겠어요. 그래도 부정적인 말을 긍정적인 말로 바꾸어서 말해 보세요. **"사과하면 같이 놀게"를 넣어 말해 보세요. 긍정적으로 말하면, 듣는 사람이 내 말을 더 잘 이해하고, 내 기분도 좋아져요.**

평소에 이렇게 말하지 않았나요?

( ) 안 하면, ( ) 못해.

이렇게 바꿔 말해 봐요

( )하면 ( )하자.

3. 찬찬히 연습해요

친구가 놀자고 문자 메시지를 보냈어요. 난 아직 숙제를 다 못해서 친구와 놀 수가 없어요. 뭐라고 말하면 좋을까요?

    예시) 숙제를 다하면 놀 수 있어! 숙제를 얼른 끝내고 연락할게.

꿀팁!

'부정어'란 '아니, 못, 못하다, 말다'와 같이 부정하는 뜻을 가진 말이에요. 평소 말할 때 부정적인 말보다는 긍정적인 말을 하는 습관을 들이는 게 좋아요.

"잘하는걸?"이라고 말해요

1. 가만히 떠올려요

친구가 태권도 사범님께 칭찬받았다며 발차기를 보여 줬어요. 발차기를 제법 잘해서 아이들이 칭찬했어요. 의기양양한 친구를 보니 심술이 나서

"_____" 라고 말했어요.

2. 곰곰이 생각해요

친구가 잘하는 걸 보면 부럽기도 하고, 샘이 나요. 게다가 그 친구가 너무 의기양양하면 잘난 척 하는 것 같아서 말이 곱게 나오지 않기도 해요. 그래도 **"잘하는걸?"을 넣어 말해 보세요. 다른 사람의 장점을 잘 칭찬하는 사람은 자신의 장점도 점점 늘어난답니다.**

평소에 이렇게 말하지 않았나요?
그걸 누가 못하냐?

이렇게 바꿔 말해 봐요
잘하는걸?

3. 찬찬히 연습해요

동생이 종이접기를 잘한다고 으스대요. 나는 동생보다 훨씬 더 잘 접는데 말이에요. 뭐라고 말하면 좋을까요?

예시] 딱 맞춰서 접는 게 어려운데 잘하는걸? 언니가 다른 종이접기도 알려 줄까?

'겸손'이라는 말을 아나요? '남을 존중하고 자기를 내세우지 않는 태도가 있음'이라는 뜻이에요. 자기를 내세우지 않고 다른 사람을 존중하는 사람이 오히려 나중에 더 높은 평가를 받는답니다.

"난 괜찮아"라고 말해요

1. 가만히 떠올려요

등굣길에 교문 한가운데서 확 넘어졌어요. 넘어진 게 너무 창피해서 벌떡 일어났는데, 내가 넘어지는 걸 본 친구들이 우르르 몰려와서 괜찮냐고 자꾸 물어봐요. 창피해서

"_____" 라고 말했어요.

2. 곰곰이 생각해요

숨기고 싶은 일을 다른 사람이 알고, 질문까지 하면 참 곤란해요. 더 말하고 싶지 않은 걸 물어보면 짜증이 나기도 하고요. 그럴 땐 **"난 괜찮아"를 넣어 말해 보세요. 더는 그 일에 관해 말하고 싶지 않다는 뜻을 담담하게 전하는 것도 좋겠지요?**

평소에 이렇게 말하지 않았나요?		이렇게 바꿔 말해 봐요
신경 쓰지 마.		난 괜찮아.

3. 찬찬히 연습해요

속상한 일이 있지만, 말하고 싶지 않아요. 그런데 친구가 자꾸 와서 왜 그러냐고 물어봐요. 이럴 때 어떻게 말하면 좋을까요?

　예시) 마음 써 줘서 고마워. 난 괜찮아. 나중에 이야기해 줄게.

꿀팁!

다른 사람에게는 말하고 싶지 않은데, 자꾸 꼬치꼬치 캐묻는 친구가 있으면 부담스럽지요? 그럴 때 마지못해 이야기하면 더 큰 오해가 생길 수 있어요. 이야기하고 싶지 않을 땐 말하고 싶지 않다고 솔직하게 말해도 괜찮아요.

"너는 (   )이 잘 어울려"라고 말해요

1. 가만히 떠올려요

우리 반 친구가 공주님 드레스 같은 옷을 입고 왔어요. 오늘 운동장 놀이도 있는데 저 옷을 입고 어떻게 놀지 모르겠어요. 화장실 갈 때도 바닥에 끌릴 것 같아서

66 _____ 99 라고 말했어요.

2. 곰곰이 생각해요

외모나 옷차림에 관해서는 말하지 않는 게 현명해요. 하지만 그 친구에게 꼭 조언을 해 주고 싶다면, 상대방의 기분이 상하지 않게 말할 방법을 찾아보세요. 친구가 입은 옷이 이상하다고 직접 이야기하기보다 **"너는 (　　　)이 잘 어울리더라"와 같이 간접적으로 말하는 게 좋아요.**

평소에 이렇게 말하지 않았나요?

그 옷 이상해.

이렇게 바꿔 말해 봐요

너는 (　　　)이 잘 어울려.

3. 찬찬히 연습해요

친구가 입은 옷이 이상해 보이는데, 자기 옷 어떠냐고 자꾸 물어봐요. 이럴 때 어떻게 말하면 좋을까요?

　예시) 지금 입은 옷도 괜찮은데, 지난주에 입었던 ○○ 옷도 잘 어울렸어.

외모는 나를 표현하는 방법 중 하나이므로, 외모를 잘 가꾸는 것도 중요해요. 그런데, 외모에 관한 말은 칭찬도 무례하게 들릴 수 있으므로 겉모습에 관한 이야기는 하지 않는 것이 좋아요.

"( )까지 알고 있구나!"
라고 말해요

1. 가만히 떠올려요

국어 시간에 큰따옴표와 작은따옴표를 배웠어요. 그런데 짝꿍이 두 개의 차이가 뭐냐고 물어보는 거예요. 조금 전에 배운 걸 모르는 게 이상해서

" _____ " 라고 말했어요.

2. 곰곰이 생각해요

친구가 수업 시간에 잠시 딴생각했거나 배운 내용을 잊었군요. 모르고 싶어서 모르는 사람은 아무도 없어요. '내가 모를 때 다른 사람이 나에게 어떻게 가르쳐 주면 좋을까?' 하고 생각해 보세요. **"큰따옴표와 작은따옴표의 이름까지 알고 있구나"를 넣어 이야기해 보세요.**

평소에 이렇게 말하지 않았나요?

이것도 몰라?

이렇게 바꿔 말해 봐요

(   )까지 알고 있구나!

3. 찬찬히 연습해요

동생이 못 풀어서 낑낑대는 문제를 봤어요. 아빠가 알려 주신 내용인데 또 잊었나 봐요. 이럴 때 어떻게 말하면 좋을까요?

　　예시) 곱셈까지 알고 있구나. 이 부분을 모르겠어?

꿀팁!

다른 사람을 가르쳐 줄 때뿐 아니라 스스로 공부할 때도 내가 어디까지 알고, 무엇을 모르는지 아는 것이 중요해요.

"(　　　)를 (　　　)하게 잘했어"
라고 말해요

1. 가만히 떠올려요

학교에서 그림을 그렸어요. 친구가 그림을 정말 잘 그렸길래 칭찬을 하고 싶어서

66 ＿＿＿＿＿＿＿＿＿＿＿＿＿＿＿＿＿＿＿ 라고 말했어요.

2. 곰곰이 생각해요

친구가 잘한 점을 칭찬하다니, 정말 마음이 따뜻한 어린이군요. 친구에게 칭찬을 들으면 어깨가 으쓱해져요. "잘했어"라는 칭찬으로도 충분하지만, **좀 더 구체적으로 칭찬하면 친구에게 더 도움이 돼요. "(　　　)를 (　　　)하게 잘했어"를 넣어 이야기해 보세요.**

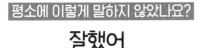

평소에 이렇게 말하지 않았나요?

잘했어.

이렇게 바꿔 말해 봐요

(　　　)를 (　　　)하게 잘했어.

3. 찬찬히 연습해요

친구가 동화책을 실감 나게 잘 읽었어요. 친구를 칭찬하고 싶은데, 이럴 때 어떻게 말하면 좋을까요?

　예시) 너는 책을 정말 실감 나게 잘 읽더라. 진짜 할아버지처럼 읽어서 깜짝 놀랐어.

 다른 사람의 잘못한 점보다 칭찬할 만한 점을 찾으려고 노력해 보세요. 따뜻한 눈으로 다른 사람을 보면, 다른 사람도 여러분의 좋은 점부터 알아봐 줄 거예요.

"내가 같이 있어(해) 줄까?"라고 말해요

1. 가만히 떠올려요

가족끼리 캠핑을 갔어요. 언니가 화장실에 가야 하는데 무섭다고 못 가는 거예요. 전등도 환하고, 사람도 많은데 무서워하는 언니가 이해가 안 돼서

" _____ " 라고 말했어요.

2. 곰곰이 생각해요

무서운 감정은 사람마다 다르게 느낀다고 해요. 무서움을 느끼는 대상도, 무서움을 느끼는 정도도 사람마다 달라요. 누군가가 무섭다고 말할 때, 도와주고 싶다면 **"내가 같이 있어(해) 줄까?"를 넣어 이야기해 보세요.**

평소에 이렇게 말하지 않았나요?
그게 뭐가 무서워?

이렇게 바꿔 말해 봐요
내가 같이 있어(해) 줄까?

3. 찬찬히 연습해요

친구가 혼자 보건실에 못 가겠대요. 이럴 때 어떻게 말하면 좋을까요?

예시) 내가 보건실 같이 가 줄까?

무서움을 느끼는 대상은 사람마다 달라요. 내가 무서운 게 다른 사람에겐 안 무서울 수 있고, 다른 사람에게 무서운 게 나는 아무렇지도 않을 수 있지요. 무서워하는 사람을 돕고 싶다면, 판단하지 말고 같이 있어 주세요.

"열심히 한 덕분에 운이 따라왔네!" 라고 말해요

1. 가만히 떠올려요

달리기를 잘 못하는 친구가 있었어요. 그런데 오늘은 맨날 1등하던 아이가 넘어지고, 그다음으로 잘 달리는 아이는 신발이 벗겨져서 달리기를 잘 못하는 친구가 1등을 했어요. '이런 일도 있구나.' 하는 마음이 들어서

" _____ " 라고 말했어요.

2. 곰곰이 생각해요

달리기가 느린 친구가 일등을 하다니, 운이 따라주긴 했어요. 하지만 그건 그 친구가 포기하지 않고 끝까지 뛰어서 얻은 결과예요. 달리기를 시작하기 전에 '나는 맨날 꼴찌니까 안 될 거야'라고 했으면 1등을 못 했을 테니까요. **"열심히 한 덕분에 운이 따라왔네"를 넣어 이야기해 보세요. 친구의 뿌듯한 표정을 보게 될 거예요.**

3. 찬찬히 연습해요

피구할 때 맨날 제일 처음 공에 맞아서 나가던 친구가 오늘은 마지막까지 있었어요. 이럴 때 어떻게 말하면 좋을까요?

　　예시) 피구를 열심히 하니까 운이 따라왔네! 이제 공을 잘 피하는걸?

운이 좋아 보이는 사람은 다른 사람이 모르게 노력을 기울인 경우가 많아요. '운이 좋다'고 여기지 말고, 어떤 노력을 기울였는지 알아보는, 지혜로운 어린이가 되길 바라요.

"난 지금 혼자 있고 싶어"라고 말해요

1. 가만히 떠올려요

아침에 준비물을 미리 안 챙겨서 엄마께 혼났어요. 엄마께 혼난 게 속상해서 표정이 어두웠는지, 친구들이 하나둘씩 모여들었어요. 나를 걱정하는 친구들이 고맙긴 했지만, 아직 말할 기분이 아니라서

66 _____ 99 라고 말했어요.

2. 곰곰이 생각해요

혼자 있고 싶을 때 친구들이 다가오면 마음이 불편해요. 특히 학교에서는 혼자 있을 만한 장소가 없으니 더 어렵지요. 마음이 풀릴 때까지 이야기하고 싶지 않을 땐 **"나는 지금 혼자 있고 싶어"**를 넣어 말해 보세요. **표정을 부드럽게 짓고 말해야 불필요한 오해를 만들지 않을 수 있어요.**

평소에 이렇게 말하지 않았나요?

저리 가.

이렇게 바꿔 말해 봐요

난 지금 혼자 있고 싶어.

3. 찬찬히 연습해요

혼자 있고 싶은데 자꾸 언니가 괜찮냐고 물어봐요. 이럴 때 어떻게 말하면 좋을까요?

예시) 마음 써 줘서 고마워. 혼자 있으면 나아질 것 같아.

꿀팁!

슬프거나 힘든 일을 극복할 때 다른 사람의 위로가 필요한 사람이 있고, 혼자 쉬면서 마음을 달래야 하는 사람이 있어요. 혼자 있고 싶을 땐, 걱정해 주는 상대방의 마음에 고마움을 표현하고, "혼자 있고 싶어." 하고 침착하게 말해 보세요.

"네가 (   )해서 내가 (   )했어" 라고 말해요

1. 가만히 떠올려요

친구랑 딱지를 쳤어요. 연습을 한 번씩 한 다음에 진짜 딱지치기를 시작하기로 했는데, 친구가 그 얘기를 못 들었나 봐요. 연습 경기인데 딱지를 땄다며 가져가는 거예요. 짜증 나서

" _____ " 라고 말했어요.

2. 곰곰이 생각해요

서로 난감한 상황이군요. 친구 때문에 짜증 날 땐 짜증 난다고 말하거나 화부터 벌컥 내지 말고, 감정을 조리 있게 말해요. **"연습으로 하자는 얘기를 무시하고, 딱지를 가져가서 내가 화가 났어"**를 넣어 이야기해 보세요. 오해가 풀릴 거예요.

평소에 이렇게 말하지 않았나요?

너 때문에 짜증 나.

이렇게 바꿔 말해 봐요

네가 (행동)해서
내가 (감정)했어.

3. 찬찬히 연습해요

나는 인기 스티커를 세 개나 줬는데, 친구는 나에게 인기 스티커를 한 개만 줘서 화가 나요. 이럴 때 어떻게 말하면 좋을까요?

예시) 나는 너에게 인기 스티커를 세 개나 줬는데, 너는 나에게 한 개만 줘서 야속한 마음이 들었어.

꿀팁!

'나 전달법(I-message)'은 상대방을 비난하지 않으면서 자신의 주장을 전달할 수 있는 대화법으로 널리 알려져 있어요. ①있는 사실을 그대로 말하고 ②내가 느낀 감정을 말한 다음 ③상대방에게 바라는 점을 전달하는 방법이에요.

"이번엔 약속 꼭 지켜 줘"라고 말해요

1. 가만히 떠올려요

종이접기를 잘하는 친구가 종이 팽이를 만들어 준다고 약속했어요. 그런데 지난 번에도 만들어 준다고 해 놓고 안 만들어 준 게 생각이 나서

66 _____ 99 라고 말했어요.

2. 곰곰이 생각해요

한 번 약속을 어긴 친구의 말은 믿기가 어려워요. 하지만 약속을 한 번 어긴 걸로 "쟤는 거짓말만 해"라고 하면, 그 친구가 억울할 거예요. **친구가 약속을 지키기를 바라는 마음을 담아 "이번엔 약속 꼭 지켜 줘"를 넣어 말해 보세요.**

평소에 이렇게 말하지 않았나요?
또 거짓말하는 거 아니지?

이렇게 바꿔 말해 봐요
이번엔 약속 꼭 지켜 줘.

3. 찬찬히 연습해요

아빠가 이번 주말에 놀이동산에 가자고 하셨어요. 지난번에도 놀이동산에 가자고 약속하셨는데, 못 간 게 떠올랐어요. 이럴 때 어떻게 말하면 좋을까요?

예시) 아빠, 이번엔 약속 꼭 지키는 거죠? 저 놀이동산에 정말 가고 싶어요.

꿀팁!

친구가 어떤 물건을 준다거나, 무엇을 사 준다고 약속할 때는 거절하는 게 좋아요. 돈이나 물건을 주고받는 건 친구 사이에 좋지 않거든요. 여러분도 물건을 사 준다거나, 집에 있는 물건을 주겠다는 약속은 하지 않길 바라요.

"잘되면 진짜 좋겠다!"라고 말해요

1. 가만히 떠올려요

친구가 카드로 탑을 만드는 일에 매달려 있어요. 나랑 안 놀아 주는 친구가 원망스럽기도 하고, 잘될 것 같지도 않아서

66 _____ 99 라고 말했어요.

2. 곰곰이 생각해요

잘 안 될 것 같은 일이나 쓸모없어 보이는 일에 매달리는 친구를 보면 답답하게 느껴질 수 있어요. 하지만, 내가 친구의 입장이라면 어떤 말을 듣고 싶을지 생각해 보세요. **"잘되면 진짜 좋겠다!"**를 넣어 응원하는 마음을 전해 보면 어떨까요?

평소에 이렇게 말하지 않았나요?
그게 되겠니?

이렇게 바꿔 말해 보요
잘되면 진짜 좋겠다!

3. 찬찬히 연습해요

친구가 내가 보기엔 잘 안 될 것 같은 일을 함께 하자고 말해요. 이럴 때 어떻게 말하면 좋을까요?

예시) 우리 어떻게 해 볼까? 잘되면 진짜 좋겠다!

꿀팁!

십 몇 년 전에는 스마트폰을 상상하며 '그게 되겠어?'라고 생각했던 사실을 알고 있나요? 말도 안 된다고 생각하는 일에 도전하는 친구가 있다면 응원해 주세요. 단, 그 일이 가치 있고 다른 사람에게 도움이 되는 일이어야겠죠?

"누구나 잘 안 될 때가 있어" 라고 말해요

1. 가만히 떠올려요

친구가 몇 달 전부터 준비한 대회가 있는데, 상을 못 탔다며 울고 있어요. 그런데 난 친구가 상을 타기 어려울 거라고 예상했거든요. 그래서

66 ＿＿＿＿＿＿＿＿＿＿＿＿＿＿＿＿＿ 99 라고 말했어요.

2. 곰곰이 생각해요

기대하던 일이 이루어지지 않으면 정말 실망스러워요. 그럴 때 '내가 그럴 줄 알았어'라는 말을 들으면 얼마나 더 마음이 아플지 생각해 보세요. 간절히 바라던 일을 해내지 못했을 때의 마음을 떠올리며, **"누구나 잘 안 될 때가 있어"를 넣어 말해 보세요.**

평소에 이렇게 말하지 않았나요?
그럴 줄 알았어.

이렇게 바꿔 말해 봐요
누구나 잘 안 될 때가 있어.

3. 찬찬히 연습해요

동생이 수학 문제를 하나도 안 풀더니 단원 평가에서 30점을 받아왔어요. 이럴 때 어떻게 말하면 좋을까요?

예시) 누구나 시험을 잘 못 볼 때가 있어. 다음엔 잘해 보자!

꿀팁!

우리 모두 때때로 실패를 경험하기 마련이에요. 다른 사람도 나와 비슷한 경험을 했다는 걸 알면 어려운 일을 극복하기 쉬워져요. 일이 잘 안 될 때, "누구나 잘 안 될 때가 있다"라고 생각하고 이겨 내길 바라요.

하루 3줄 쓰기
매일 더 멋진 내가 되는 예쁜 말하기

1판 1쇄 인쇄 2025년 1월 21일
1판 1쇄 발행 2025년 2월 7일

지은이 윤희솔
펴낸이 고병욱

기획편집2실장 김순란   **책임편집** 권민성   **기획편집** 조상희 김지수
마케팅 이일권 황혜리 복다은   **디자인** 공희 백은주
제작 김기창   **관리** 주동은   **총무** 노재경 송민진 서대원

펴낸곳 청림출판(주)
등록 제2023-000081호

본사 04799 서울시 성동구 아차산로17길 49 1010호 청림출판(주)
제2사옥 10881 경기도 파주시 회동길 173 청림아트스페이스
전화 02-546-4341   **팩스** 02-546-8053

홈페이지 www.chungrim.com   **이메일** life@chungrim.com
인스타그램 @ch_daily_mom   **블로그** blog.naver.com/chungrimlife
페이스북 www.facebook.com/chungrimlife

ⓒ 윤희솔, 2025

ISBN 979-11-93842-27-0 74710